BIOGRAPHIE

DES PRÉFETS.

GALERIE ADMINISTRATIVE,

OU

BIOGRAPHIE

DES

PRÉFETS,

DEPUIS L'ORGANISATION DES PRÉFECTURES

JUSQU'A CE JOUR,

Par Honoré FAURÉ,

de St-Céré (Lot).

> Le seul moyen d'obliger les hommes
> à dire du bien de nous, c'est d'en faire
>
> VOLTAIRE.

TOME SECOND.

AURILLAG,

IMPRIMERIE DE P. PICUT, IMPRIMEUR-LIBRAIRE.

Juin 1839.

BIOGRAPHIE

PRÉFETS.

L.

LACHADENÈDE (le baron), officier de la Légion-d'Honneur, décoré de l'ordre de l'Aigle-rouge-de-Prusse, était sous-préfet de l'arrondissement de Castres, lorsqu'il fut nommé préfet du Cantal, le 10 août 1810. Lors des événemens qui, en 1814, ramenèrent en France la dynastie des Bourbons, ce préfet impérial se montra grand partisan de la restauration; le pouvoir royal trouva en lui le fonctionnaire le plus dévoué. Il fut conservé dans sa préfecture, grâce à son royalisme improvisé; mais il en fut évincé après le 20 mars 1815. A la seconde restauration, M. de Lachadenède éprouva une panique : les ordonnances royales des 12 et 14 juillet 1815, contenant les nominations de préfets, ne firent aucune mention de M. le baron, et la préfecture du Cantal fut attribuée à M. Locard, venant de la sous-préfecture de Barbezieux. Cependant une nouvelle ordonnance, rendue le 11 août suivant, appela M. de Lachadenède à la préfecture de la Moselle, bien plus importante sous tous les rapports que celle du Cantal; il fit tous ses efforts pour se maintenir dans ce poste difficile. Il lutta pendant dix-sept mois contre ses propres forces : au bout de ce temps, il fut contraint de demander au gouvernement une autre destination. Le ministère fit droit à cette réclamation et, le 19 février 1817, il succéda à M. de Tocqueville, préfet de la Côte-d'Or, qui vint le remplacer dans la Moselle. Le 24 février 1819, il passa à la préfecture de la Charente-Inférieure, d'où il fut appelé, le 19 juillet 1820, à la préfecture du Doubs. Là se termina sa carrière administrative ; il fut admis à faire valoir ses droits à la retraite le 14 août 1822, et remplacé le même jour par M. le comte de Brosses. Nous ignorons si cette admission à la retraite a été accordée sur la demande de la partie intéressée, ou bien si elle est émanée de la toute puissante volonté ministérielle.

LACHAISE (le baron Jacques-François), officier de la Légion-d'Honneur, chevalier de Saint-Louis, naquit à Mont-Cenis (Saône-et-Loire), le 14 janvier 1743. Il était officier de cavalerie au commencement de la révolution de 1789 ; il continua de servir et parvint au grade de maréchal-de-camp ; en 1799, il fut mis à la retraite, et le 21 mai 1800, il fut nommé maire de Beauvais. Dans ces nouvelles fonctions, il attira sur lui l'attention du chef du gouvernement qui, le 21 ventôse an XI, l'appela à la préfecture du Pas-de-Calais. C'est dans ce nouveau poste que M. Lachaise, voyant toutes les formules de la plus grande adulation épuisées pour Napoléon, tant par le sénat, le conseil d'état, que par les autres fonctionnaires publics, après avoir cherché quelque temps ce qu'il faudrait dire à ce monarque pour lui exprimer à la fois quelque chose de nouveau et d'extraordinaire,

M. de Bourienne nous apprend, dans ses Mémoires, que ce préfet termina une pompeuse harangue qu'il adressa à ce souverain, au camp de Montreuil, par ces mots : « Dieu créa Bonaparte et se reposa. » On assure qu'un plaisant auditeur ajouta :

> « Mais pour être plus à son aise,
> » Auparavant il fit la chaise. »

La restauration arriva, M. le préfet du Pas-de-Calais se distingua dans ses discours et proclamations, par les plus énergiques protestations d'amour et de fidélité pour la dynastie des Bourbons; il fut maintenu dans ses fonctions; mais au retour de l'empereur, en mars 1815, il fut renvoyé à Beauvais, où il avait des propriétés considérables. Il y jouissait d'une pension de retraite qu'il avait obtenue le 20 juin 1820, et était membre du conseil municipal de cette ville, où il est mort le 12 mars 1823.

LACOSTE (Jean-Baptiste), ancien avocat à Mauriac, département du Cantal, fut nommé par ce département député à la convention nationale; il vota la mort de Louis XVI, contre l'appel au peuple et contre le sursis. Il fut ensuite envoyé en mission dans les départemens de la Haute-Loire, du Rhin-et-Moselle et près les armées, où il se distingua par une conduite ferme et courageuse, notamment à Kaiserslautem, en décembre 1793. Durant le cours de ses missions, il se montra juste et sévère. Cependant, en 1795, il fut décrété d'accusation; mais étant parvenu à se justifier des griefs qu'on lui reprochait, ce décret fut rapporté. Le 9 frimaire an IX, il devint commissaire du gouvernement, et le 8 germinal an VIII conseiller de préfecture dans le département du Cantal.

Il fut nommé ensuite préfet de l'ancien département des Forêts. Le 30 juin 1815, le gouvernement provisoire le nomma à la préfecture de la Mayenne. Frappé par la loi de proscription du 12 janvier 1816, il se réfugia en pays étranger; mais il obtint bientôt après l'autorisation de rentrer, et il mourut à Mauriac le 13 août 1821.

LACOSTE-MESSELIÈRE (le marquis de), ex-constituant; le 19 germinal an VIII (9 avril 1800), il fut nommé sous-préfet de Melle (Deux-Sèvres); le 25 thermidor an X (13 août 1802), il devint préfet de l'Allier, où il mourut à la suite d'une longue et douloureuse maladie, en mai 1806 : il fut vivement regretté par ses administrés.

LACOSTE (Charles-Aristide de), officier de la Légion-d'Honneur, a été pendant quelques années sous-préfet sous la restauration : immédiatement après la révolution de 1830, il fut nommé préfet du Gard. Son séjour à Nîmes a été très-court; le 17 novembre de la même année , il passa à la préfecture de Tarn-et-Garonne, et le 18 décembre 1831 à celle de la Somme. Mais destiné à ne pas rester long-temps à la même place, il partit de Montauban pour revenir à Nîmes, où il avait été appelé par ordonnance du 8 juin 1832. Six mois après, une nouvelle mutation : la préfecture de Bordeaux devint vacante par la retraite de M. le comte de Preyssac; il quitta Nîmes pour aller à Bordeaux, en vertu d'un acte ministériel du 21 janvier 1833. M. de Preyssac ayant obtenu , le 13 juillet 1836 , de reprendre les rênes de son administration, M. de Lacoste fut, à la même époque, envoyé à Marseille pour y remplacer M. Thomas, préfet, appelé au conseil d'état. M. de Lacoste joint à sa qualité de préfet des Bouches-du-Rhône le titre honorifique de conseiller d'état en service extraordinaire.

LACROIX-DE-CONSTANT (Charles), naquit le 14 avril 1754, à Givry (Marne). Issu d'une ancienne famille champenoise, il occupait les fonctions de chef de bureau au contrôle général des finances au commencement de la révolution. Le département de la Marne le nomma, en septembre 1792, député à la convention nationale. Dans le procès de Louis XVI, il vota en ces termes : « Je dois apporter ici moins » l'expression de ma volonté particulière que celle de » la volonté générale : la volonté générale a appliqué » la peine de mort aux crimes dont Louis est con- » vaincu. Je vote pour la mort (*). » Il s'opposa à l'appel au peuple et au sursis. Plus tard, il fut chargé de diverses missions dans plusieurs départemens. Il demeura neutre au 9 thermidor, et garda le même système de neutralité lors des événemens du 13 vendémiaire an V ; il entra ensuite au conseil des anciens. Le 5 novembre 1795, il fut nommé ministre des relations extérieures : il exerça ces hautes fonctions jusqu'au 16 juillet 1797, époque à laquelle le directoire lui donna un successeur, et le nomma ambassadeur en Hollande, où il établit l'édifice de la république batave. Après la journée du 18 brumaire, il fut rappelé de son ambassade, et le 5 mars 1800, il obtint la préfecture du département des Bouches-du-Rhône. Marseille doit à M. Lacroix de belles promenades, des monumens remarquables et des institutions

(*) *Moniteur,* année 1793.

utiles. Toutes ces choses furent faites en si peu de
temps , et avec si peu de dépense , que les habitans de
cette ville ne peuvent l'oublier sans ingratitude. Le 3
floréal an XI (3 avril 1803) il fut appelé à la préfec-
turede la Gironde , où il mourut dans le mois de
novembre 1805.

LADOUCETTE (le baron Jean-Charles-François
de), officier de la Légion-d'Honneur, natif de Nancy,
émigra au commencement de la révolution et se retira en Suisse. Le 23 germinal an X (13 avril 1802),
il fut nommé préfet des Hautes-Alpes ; le 13 avril 1809,
il passa à la préfecture de la Roër. Le 6 avril 1815 ,
M. de Ladoucette, sans emploi par suite des événemens de 1814, fut appelé, par l'empereur, à la préfecture de la Moselle. Il rentra dans la vie privée à la
seconde restauration. M. le baron Ladoucette, membre de plusieurs sociétés savantes, se consolait dans
sa disgrace par la culture des lettres et par le souvenir
du bien qu'il avait fait comme administrateur, lorsque , le 22 juin 1834 , il fut élu député par le collége
électoral de Briey (Moselle).

LAGARDE (le baron Joseph-Jean de), chevalier de
la Légion-d'Honneur, est né à Narbonne en 1755 ;
ancien avocat, conseiller près la maîtrise des eaux et
forêts à Lille , avant la révolution. En 1788, il obtint
un office de conseiller du roi au baillage de cette même ville ; en 1789, il fut élu député aux états-généraux par l'ordre des avocats ; en 1790, il fut nommé
secrétaire général du département du Nord ; un an
après, la chaire de droit français à l'Université de
Douay lui fut donnée : il continua néanmoins les fonc-

tions de secrétaire général. Cependant, en 1792, il fut obligé d'opter entre ces deux emplois : il garda le sécrétariat général. En 1794, il fut chargé de procéder à l'organisation des bureaux de la commission centrale de la Belgique; le 6 novembre 1795, sur la proposition de M. Rebwel, l'un des membres du directoire, il obtint la place de secrétaire-général du gouvernement qu'il a occupée jusqu'au 28 octobre 1801, et, le même jour, il devint préfet de Seine-et-Marne. Le 7 novembre 1810, il fut remplacé par M. de Plancy. Les motifs de la disgrace de M. de Lagarde n'ont jamais été publiquement connus. Cet ex-préfet est auteur d'une *Biographie des députés.*

LAGARDE (le baron Pierre-Denis), chevalier de la Légion-d'Honneur, homme de lettres, né à Paris en 1769, a été professeur au collége de Louis-le-Grand depuis le 9 mai 1791 jusqu'au 20 mars 1794; ensuite il fut rédacteur et directeur du journal connu sous le nom de *Perlet;* proscrit au 18 fructidor et condamné à la déportation. Il rentra en France après la chute du directoire, il fut nommé secrétaire général de la gendarmerie nationale; plus tard, il devint successivement directeur de la librairie, commissaire du gouvernement à Milan, Livourne et Lisbonne; directeur-général de la police du grand-duché de Toscanne, où il resta jusqu'à l'abdication de l'empereur. Il accepta du gouvernement du roi les fonctions de directeur des bureaux du ministère de la police générale. Napoléon, après son retour de l'île d'Elbe, par decret impérial du 30 mars 1815, appela M. Lagarde à la préfecture de la Sarthe; il se signala dans ce poste par un grand enthousiasme pour la cause impériale et pour les Bourbons. D'abord, le jour de son installation, il adressa à ses administrés une proclamation, où l'on remarque le passage suivant : « C'est » pour n'avoir caressé que des vieilles chimères et » des illusions contraires aux lumières du siècle, que » le dernier gouvernement est tombé. C'est en s'ap- » puyant sur les véritables intérêts et sur la toute » puissante opinion d'une nation éclairée que le » gouvernement impérial centuplera ses forces. » Trois mois s'écoulent, les Bourbons succèdent à Napoléon ; M. Lagarde fait une nouvelle proclamation, il leur enjoint de reconnaître l'autorité royale, et ordonne à tous les fonctionnaires de rétablir partout les emblèmes de la royauté ; cette proclamation se terminait ainsi : « Tous les partis ont dû se con- » fondre en un seul ; il ne peut y avoir aujourd'hui » que des Français tous ralliés au trône des Bour- » bons, liés par les mêmes intérêts. Il ne doit plus » y avoir, pour les habitans, qu'une cocarde, celle » que porte le roi. » Il assista ensuite à un *Te Deum* chanté à la cathédrale du Mans, pour célébrer la seconde restauration des Bourbons ; mais rentré à l'hôtel de la préfecture, il y trouva M. Pasquier, arrivé pour le remplacer. Il était loin de s'attendre à cette disgrace ; la veille ou l'avant-veille, il avait reçu du ministre de l'intérieur une lettre, où les témoignages les plus flatteurs lui étaient prodigués, en l'assurant que les services qu'il venait de rendre dans ces circonstances difficiles, surtout dans un pays où Napoléon comptait de nombreux partisans, ne resteraient pas sans récompense. M. de Lagarde revint à Paris, où il attendait avec patience la réalisation des promesses qui lui avaient été faites. Quatre années s'é-

coulèrent, l'ex-préfet de la Sarthe demeura complètement oublié. Cependant , le 14 mars 1819 , il
obtint le titre de maître des requêtes en service extraordinaire ; ensuite il fut secrétaire de la présidence
du conseil des ministres, sous Decazes et Dessoles. En
1829, il fut nommé secrétaire-rédacteur de la chambre
des députés, et conseiller d'état en service ordinaire,
en août 1830 ; il fut destitué le 24 juillet 1837. M. de
Lagarde a concouru à la rédaction du *Courrier Français* durant le cours des deux dernières années du
règne de Charles X.

LAMAGDELAINE (le baron de), chevalier de la
Légion-d'Honneur, né aux environs de Toulouse en
1760. Il a occupé des fonctions administratives pendant tout le cours de la révolution. Le 3 mars 1800 ,
il fut nommé préfet de l'Orne : il administra ce département jusqu'à la seconde restauration. Depuis cette
époque il n'a plus été employé.

LAMARQUE (François), chevalier de la Légion-
d'Honneur, ancien avocat ; il remplissait les fonctions
de juge au tribunal de Périgueux (Dordogne) , lorsqu'en 1791, il fut nommé député à l'assemblée législative , et ensuite à la convention nationale. En
octobre 1792 , il fut envoyé en mission avec deux de
ses collègues à Bayonne , afin d'aviser aux moyens
assurés de défense et de rétablir l'ordre public. Dans
le procès de Louis XVI et sur la question de l'application de la peine , il s'exprima ainsi : « Louis est
» coupable de conspiration : il fut parjure , il fut
» traître. Son existence soutient les espérances des
» intrigans , les efforts des aristocrates. La loi pro-

» nonce la peine de mort ; je la prononce aussi , en
» désirant que cet acte de justice , qui fixe le sort de
» la France , soit le dernier exemple d'uu homi-
» cide légal (*). » Il se prononça contre l'appel au
peuple et contre le sursis. Le 3o mars 1793, il fut
nommé l'un des cinq commissaires envoyés par la
convention à l'armée du Nord , pour y prendre de
fortes mesures contre le général en chef de cette armée (Dumourier), accusé de trahison. Lamarque et
ses collègues , arrivés à leur destination , furent immédiatement arrêtés , sur l'ordre de ce même général , et livrés en otage aux Autrichiens ; transférés
successivement dans les prisons de Maestrich , les ca-
chots de Coblentz , les bastilles de Kœnisgratz , ils
furent partout traités avec inhumanité ; et après trente
mois de captivité , ils recouvrèrent la liberté le 4 ni-
vôse an IV (25 décembre 1795) , ayant été échangés
contre la fille de Louise XVI (aujourd'hui duchesse
d'Angoulême). M. Lamarque , revenu à Paris , entra au conseil des cinq-cents , où l'avaient appelé le
choix de trois départemens ; il se montra dans cette
assemblée le défenseur de la liberté de la presse ; il
en sortit en 1797. Il fut réélu en 1798 ; mais son
élection fut annulée par le directoire , qui lui donna
l'ambassade de Stockolm. Une biographie rapporte
que le roi de Suède refusa de le recevoir parce qu'il
avait voté la mort de Louis XVI. En 1799 , le département de la Dordogne le nomma de nouveau membre
du conseil des cinq-cents ; aux approches du 18 brumaire, il déserta la cause du directoire dont il s'était
précédemment déclaré le champion. Le 3 mars 1800,
il fut nommé préfet du Tarn ; mais plus propre aux

(*) *Moniteur,* année 1793.

fonctions judiciaires qu'il avait déjà remplies qu'aux
fonctions administratives", il fut appelé à la cour de
cassation, en qualité de substitut du procureur-général, le 1er novembre 1801. Il devint conseiller à la
même cour, le 10 août 1804. Il fut maintenu dans
ses fonctions après les événemens de 1814, mais il en
fut privé à la seconde rentrée des Bourbons. Contraint de s'expatrier en vertu de la loi du 12 janvier
1816, il se réfugia en Autriche, où il resta plusieurs
années. Rentré en France depuis quelques temps, il
vit dans une profonde retraite.

LAMBERT (Augustin-Charles-Pascal), occupait
la sous-préfecture de Pethiviers, lorsque, le 31 janvier 1806, il fut nommé préfet d'Indre-et-Loire; il
administra ce département jusques vers la fin de 1811,
époque à laquelle il fut remplacé par M. le comte de
Kergariou. Sous le règne de Louis XVIII, il fut successivement nommé maître des requêtes et conseiller
d'état en service ordinaire. Il décéda en 1822, et
son épouse obtint une pension de 6,000 fr., par ordonnance du 17 avril 1823, qui a été réduite à 3,000
fr. après la révolution de 1830.

LAMETH (le comte Alexandre de), commandeur
de la Légion-d'Honneur, chevalier de Saint-Louis et
de Saint-Jean-de-Jerusalem, naquit à Paris, le 29
octobre 1760; il entra fort jeune au service militaire. Il était déjà chevalier de Malte et gentilhomme
d'honneur de S. A. R. le comte d'Artois, lorsqu'il
partit pour l'Amérique en qualité d'aide-de-camp du
général Rochambeau. De retour dans sa prtrie, il
obtint, en récompense de ses services dans cette ex-

pédition, la croix de Cincinnatus et le grade de co=
lonel en second du régiment de la Couronne, et fut
ensuite nommé député à la constituante, où il se
montra le partisan d'une sage liberté. En 1792, il fut
promu au grade de maréchal-de-camp, et rentra
dans l'armée active ; après la journée du 10 août de la
même année, il fut décrété d'accusation comme
ayant fait partie d'un foyer de conjuration connu sous
le nom de comité Autrichien. Pour se soustraire à
l'exécution de ce décret, il prit la fuite avec le général Lafayette et fut son compagnon d'infortune et de
captivité. (Voyez Bureaux-de-Pusy). M. de Lameth
rentra en France vers le commencement de 1797;
mais il fut encore en butte à de nouvelles persécutions, et contraint à quitter de nouveau le sol de la
patrie lors du 18 fructidor. Le renversement du directoire fit rentrer le général Lameth, et, le 13 avril
1802, il devint préfet des Basses-Alpes ; le 1er février
1805, il fut appelé, à titre d'avancement, à la préfecture de l'ancien département de Rhin=et-Moselle,
d'où il passa, le 3 mai 1806, à celle de la Roër. En
1809, il quitta cette préfecture pour aller prendre
possession de celle de l'ancien département du Pô,
où il demeura jusqu'en 1814. Le 15 juillet de cette
année, le gouvernement du roi lui confia la préfecture de la Somme ; Napoléon à son retour la lui
laissa, et de plus il le créa pair de l'empire. M. de
Lameth se rendit à Paris pour y remplir ses hautes
fonctions législatives ; il s'opposa vivement à ce que
Napoléon II fût proclamé empereur des Français. En
1819, les électeurs de la Loire-Inférieure l'envoyèrent
à la chambre des députés, où il fit partie de l'opposition libérale. M. de Lameth a su se faire chérir et

estimer par sa conduite administrative , et comme
député il s'est distingué par un enthousiasme pur et
désintéressé. Il avait embrassé avec patriotisme la
cause de la révolution de 1789 , mais il en déplora
les excès ; il résulte même des papiers trouvés dans
l'armoire de fer, qu'il avait fait tout ses efforts pour
conserver la royauté. Cet ex-préfet mourut à Paris ,
le 19 mars 1829.

LAMORELIE (le marquis de) , chevalier de la
Légion-d'Honneur , ancien émigré , débuta sur la
scène politique par les fonctions d'auditeur au conseil d'état de l'empire , et devint ensuite sous-préfet
de Rennes ; le 2 août 1815 , il passa à la sous-préfecture de Mortagne (Orne), et , le 6 août 1819, il fut
nommé préfet de ce département. Le 2 janvier 1823 ,
par suite d'un remaniement administratif, il fut appelé
à la préfecture de l'Allier, en remplacement de M. de
Talleyrand destitué ; environ six mois après , le 27
juin de la même année, M. de Lamorelie subit le sort
de son prédécesseur, et fut remplacé par M. Harmand d'Habancourt. Avant de partir de Moulins , il
adressa à MM. les sous-préfets , maires et autres fonctionnaires du département une lettre où l'on trouve
le paragraphe suivant: « En soldat fidèle, je dois obéir
» sans murmurer , mais non sans regrets. Sous le
» règne des Bourbons , une victime de la révolution
» doit être plus que toute autre affectée d'une disgrace.
» Ne croyez pas cependant que le chagrin que me
» fait éprouver une mesure que je ne crois pas avoir
» méritée, puisse diminuer en rien mon respect pour
» le Roi, et mon attachement pour la légitimité. Je
» suis Français , Messieurs , et, en bon Français , ces

» sentimens , quoiqu'il m'arrive , ne me quitteront
» jamais. » M. de Lamorelie se retira avec le titre de
maître des requêtes honoraire et avec la douce consolation d'avoir laissé quelques souvenirs honorables
dans les pays où il a exercé des fonctions administratives.

LAMOTHE, ex-législateur, obtint, à la création des
préfectures , celle de la Haute-Loire , où il fut remplacé , le 12 février 1810 , par M. Cahouet, et non ,
le 10 juin 1814 , par M. de Sartiges , comme le prétend certaine biographie mal informée.

LANGLOIS D'AMILLY (Jean-Hyacinthe), chevalier
de la Légion-d'Honneur , né à Pontoise , le 21 janvier 1770 , ancien membre de la chambre des députés ; il a été pendant quelques années agent de change
près la Bourse de Paris. Il fut nommé préfet d'Eure-
et-Loire , immédiatement après la révolution de Juillet : il donna sa démission ; aux élections générales
des députés , en 1854, il a été élu par le collége électoral de Nogent-le-Rotrou , quoiqu'il refusa de signer
l'engagement de voter en faveur des libertés nationales
et de n'accepter aucune place pendant la durée de
son mandat. Il fit bien , car, un mois après , il obtint la préfecture de l'Orne , qu'il occupe encore en
ce moment depuis le 25 mai 1857. On assure qu'il est
assez bon administrateur.

LANNES, ancien administrateur , nommé préfet
de l'Eure le 3 mars 1800, remplacé par M. Masson-
de-Saint-Amand, en 1801. Nous avons mis tout en
œuvre pour nous procurer quelques renseignemens
sur cet honorable ; tous nos efforts ont été infructueux.

LANTIVY, né à Quimark, département du Morbihan, le 21 mars 1792, chevalier de la Légion-d'Honneur, fut nommé sous-préfet de Montmorillon le 8 avril 1813. Le gouvernement du roi l'appela à l'une des sous-préfectures les plus considérables de France, celle du Hâvre. M. le comte de Lantivy devint préfet de la Corse, le 7 avril 1824, et, d'après les renseignemens qui nous ont été fournis, nous pouvons avancer, sans crainte d'être démenti, même par ses plus grands détracteurs, qu'il a fait tout ce qui était en son pouvoir pour la plus grande prospérité de ce pays. Le 3 mars 1828, il passa à la préfecture des Basses-Alpes, et, le 12 novembre suivant, M. d'Audéric lui succéda ; mais, sous le ministère Polignac, il rentra en faveur ; on l'envoya, le 2 avril 1830, à Cahors, pour y prendre possession de la préfecture du Lot, en remplacement de M. Baume, appelé à celle de Lot-et-Garonne. A l'époque de la révolution de Juillet, M. de Lantivy fut obligé d'abandonner les rênes de son administration et de partir nuitamment.

LAROCHEFOUCAULT (le comte Alexandre de), pair de France, officier de la Légion-d'Honneur, arrière petit-fils du duc de Larochefoucault, illustre écrivain français au xvie siècle, auteur de plusieurs ouvrages d'une grande érudition, et notammement d'un livre intitulé : *Réflexions et Maximes*, qui eut un grand succès. Voltaire a dit que ce livre contribua, plus qu'aucun autre, à former le goût en France. M. le comte est né en 1771; à l'âge de 21 ans, il était lieutenant-colonel du régiment de chasseurs (ci-devant Languedoc). Le 28 novembre 1792, il se trouva à la malheureuse affaire de Lille, où les Français furent battus et le général Dillon pendu. Il déploya dans ce combat une intrépidité étonnante ; sa vie fut en péril extrême. Ensuite , il alla rejoindre son frère aux Etats-Unis , où il s'était réfugié à l'époque des orages de la révolution. Rentré en France après la chute du directoire , il devint préfet de Seine-et-Marne ; mais plus propre aux fonctions diplomatiques qu'à l'administration d'une préfecture , il céda sa place à M. Collin de Sussy, et il fut nommé ministre plénipotentaire de la république française près l'Électeur de Saxe. Plus tard, il passa à La Haye en cette même qualité. Durant tout le cours du règne de la branche aînée des Bourbons , M. de Larochefoucault n'a point été employé par le gouvernement. Nommé député par le département de l'Oise , il siégea au côté gauche et a constamment voté contre le ministère. Réélu par les électeurs de l'Oise , il assista à la séance extraordinaire du 31 juillet 1830. Il fit ensuite cause commune avec les ministériels. Il a été élevé à la dignité de pair le 19 novembre 1831.

LARREGUY, officier de la Légion-d'Honneur , né à Marseille ; établi depuis plusieurs années à Paris , s'associa à la maison Guérin , et fut quelque temps juge au tribunal de commerce. Durant les deux dernières années de la restauration , il était l'un des rédacteurs du *Journal du Commerce*, et en cette qualité , il prit une grande part à la révolution de 1830 ; il fut envoyé, le lendemain de la victoire , dans sa ville natale , en mission extraordinaire et pour y exercer provisoirement les fonctions de préfet. Le 10 août suivant , il fut nommé à la préfecture de Vaucluse ; il n'y resta pas long-temps : le 14 mai 1831 , il passa à celle de la Charente , où il se trouve en ce moment. Dès qu'il fut question de la création des comices agricoles , il déploya à cet égard une telle activité qu'il parvint , en très-peu de jours , à doter vingt-sept cantons de ce département de cette noble et utile institution. Ce département lui doit aussi plusieurs routes départementales et communales.

LASCOURS (le vicomte Jérôme-Annibal-Joseph-Raymond de) , chevalier de la Légion-d'Honneur et de Saint-Louis, combattit avec distinction dans l'Amérique septentrionale pour le triomphe de l'indépendance ; il en revint avec la croix de Cincinnatus. En 1814, il fut décoré de la croix de Saint-Louis et nommé préfet du Puy-de-Dôme. Le 17 juillet 1815, il fut appelé à la préfecture de la Vienne ; il donna sa démission en novembre suivant. Le 7 mars 1817, il obtint la préfecture du Gers , et fut destitué le 1er septembre 1824, à cause des opinions politiques de son fils, colonel et député du Gard. M. le vicomte de Lascours avait lui-même siégé dans plusieurs assemblées nationales , où il avait donné de précieux gages de son indépendance. Le 12 novembre 1828 , sous le ministère Martignac, il fut nommé préfet de la Drôme : il n'y resta pas long-temps, car le 10 décembre suivant, il fut transféré à celle des Ardennes. M de Lascours est mort à Mézières vers le commencement de 1835 , dans l'exercice de ses fonctions et généralement regretté de ses administrés.

LASSALE (Achille-Étienne-Gigault de) , chevalier de la Légion-d'Honneur, est né à Paris en 1772. Il était employé dans les bureaux du ministère des rela-

tions extérieures, lorsqu'il fut nommé, en 1807, référendaire à la cour des comptes, et devint ensuite
censeur de la librairie ; il prit une part très-active aux
événemens de 1814 qui amenèrent la déchéance de
Napoléon ; comme aussi il concourut avec le plus
grand zèle, durant les cent-jours, à l'impression
secrète et à la distribution d'un nombre considérable
d'écrits royalistes. Le 14 juillet 1815, en récompense
de tant de services rendus à la cause royale, il obtint
la préfecture de la Haute-Marne, où il apporta le
même zèle et un dévouement qu'il poussa peut-être
un peu trop loin : il fut révoqué le 14 mai 1818.

LASSALE (le comte Antoine-Jean-François-Marie-
Ignace-Lovis-Brignole de) ; en 1814, le roi le nomma
sous-préfet d'Autun ; le 12 février 1816, il devint préfet
des Ardennes, et fut destitué sous le ministère Decazes, le 16 février 1819. M. le comte de Lassale est
décoré de l'ordre de Saint-Henry de Prusse.

LATOUR-DUPIN GOUVERNET (le marquis Fré-
deric-Séraphim de), pair de France démissionnaire,
officier de la Légion-d'Honneur, naquit à Paris, le
6 janvier 1759 ; il embrassa la carrière des armes,
et devint colonel d'infanterie. L'état déplorable dans
lequel se trouvait l'armée, au commencement de la
révolution, le détermina à donner sa démission. En
1791 il fut nommé ministre plénipotentiaire en Hollande, d'où il se retira après la déchéance du roi
(10 août 1792), pour rentrer dans le sein de famille ;
mais, en 1793, il s'expatria avec tous les siens et alla
se fixer dans les environs de Boston, (États-Unis
d'Amérique). Là, dénué de ressources, il s'adonna à

l'agriculture. Rentré en France en 1796, il en sortit de nouveau à l'époque du 18 fructidor et, toujours accompagné des siens, il se rendit en Angleterre. Après la révolution qui renversa le directoire, cette honorable famille revint en France, et alla s'établir dans les environs de Bordeaux, où M. le marquis jouissait en paix des agrémens de la vie champêtre, lorsqu'un décret impérial du 12 mai 1808 l'appela à l'importante préfecture de l'ancien département de la Dyle, dont le chef lieu était Bruxelles. Le 12 mars 1813, il fut remplacé par M. le baron d'Houdetot ; et le 25 du même mois, il fut nommé préfet de la Somme ; il administra ce département jusqu'en 1814. A cette époque M. de Latour-Dupin rentra dans la diplomatie : il fut envoyé à Vienne pour assister avec le prince Talleyrand au Congrès et, après avoir signé le manifeste des puissances coalisées contre Napoléon qui avait débarqué à Fréjus, M. de Latour-Dupin s'empressa de rentrer en France et de se rendre à Marseille, afin d'intéresser le maréchal Masséna à la cause des Bourbons ; mais sa démarche ne produisit pas l'effet qu'il en attendait. Il s'embarqua avec l'abbé Janson pour l'Espagne et revint en France, après la seconde rentrée du roi. Ce monarque, voulant donner un éclatant témoignage de sa haute bienveillance à M. de Latour-Dupin, l'éleva à la dignité de pair de France, et lui confia l'ambassade des Pays-Bas, d'où il passa ensuite à celle de Turin. A l'avènement au trône de Louis-Philippe, il quitta Turin, rentra en France, refusa comme pair le serment à la nouvelle dynastie ; quelque temps après, il subit trois mois d'emprisonnement par suite d'une condamnation politique. Enfin , vers la fin de 1852, il s'expatria pour la troisième fois, et se retira à Lausanne , où il est mort le 28 février 1857. M. de Latour-Dupin comme administrateur était aussi distingué par ses talens que par sa droiture et sa probité.

LATOURETTE (le marquis Marie-Juste-Antoine de la Rivoire de) , officier de la Légion-d'Honneur , chevalier du Saint-Louis , naquit à Tournon (Ardèche) en 1751 ; il entra fort jeune au service militaire, était colonel d'infanterie à 27 ans. En 1783 , il reçut la croix de Saint Louis , et se retira du service en 1789. Il fut ensuite nommé successivement maire de Tournon et président de l'administration du département de l'Ardèche ; en 1795 , il rentra dans la vie privée , mais il ne fut pas à l'abri des persécutions de la part des terroristes , à cause de ses opinions modérées. Le 14 germinal an VIII , il fut nommé sous-préfet de Tournon ; le 11 brumaire an X , il obtint la préfecture du Tarn ; le 25 germinal an XII , il passa à celle du Puy-de-Dôme , et le 11 mars 1806 , il fut appelé à celle de Gênes ; là , en 1814 , se termina la carrière administrative de M. de Latourette. Les départemens qui ont été confiés à son administration conservent encore le souvenir de ses talens et de son grand zèle dans l'exercice de ses fonctions toutes paternelles. Dans le mois de juillet 1814 , il obtint du roi la retraite de maréchal-de-camp ; il est mort à Tournon , en janvier 1819.

LATOURETTE (Eugène de) chevalier de la Légion-d'Honneur , est fils du précédent. Ancien sous-préfet sous la restauration , il a été nommé préfet du Gers ,

le 14 septembre 1830 ; appelé à la préfecture de l'Hérault, le 25 juillet 1832, d'où il est passé, le 8 avril
1833, à celle de la Haute-Marne, qu'il occupe encore
très-paisiblement, grâce à la volonté ministérielle.

LAUMONT (le comte Jean-Charles-Joseph de),
commandant de la Légion-d'Honneur, naquit à Arras, le 9 juillet 1753, avait été successivement, sous
le règne de Louis XVI, secrétaire de l'intendance de
Flandre, secrétaire-général du ministère des affaires
étrangères, et premier secrétaire de l'intendance de
Lorraine. En 1792, il obtint la direction de la caisse
d'amortissement; en 1795, il fut nommé consul à
Smyrne, où il demeura deux ans. En 1797, le directoire l'envoya à l'armée d'Italie, en qualité de commissaire du gouvernement; mais les généraux ayant
refusé de reconnaître son autorité, il revint à Paris,
et obtint l'emploi d'aministrateur de la monnaie. Le
3 mars 1800, il devint préfet du Bas-Rhin ; deux ans
après il fut remplacé dans sa préfecture par M. de
Shée, et nommé conseiller d'état en service ordinaire. Plus tard, il occupa successivement les fonctions de commissaire du gouvernement dans le Piémont ; de préfet de l'ancien département de la Roër,
et de Seine-et-Oise. En 1810, Napoléon voulant donner à M. Laumont une preuve de sa satisfaction, le
créa comte, commandant de la Légion-d'Honneur,
et lui confia la direction-générale des mines. Cette
direction fut supprimée en 1818 ; et, à cette époque,
il obtint une pension de retraite de 6,000 francs et
le titre honorifique de conseiller d'état honoraire. Ce
respectable et ancien administrateur est mort à Paris,
le 10 mars 1825.

LAVIEUVILLE (le comte Ferdinand de), ex-pair de de France , officier de la Légion-d'Honneur, chevalier de Saint-Louis , naquit à Châteauneuf, en 1760; destiné à la carrière des armes , il fut d'abord page de S. A. R. le comte d'Artois et ensuite officier des gardes françaises. Il émigra , en 1791, et obtint le commandement de la cavalerie noble de Bretagne. Il rentra en France sous le consulat ; Napoléon , devenu empereur, l'appela à sa cour comme chambellan ; le 30 novembre 1810 , ce courtisan fut nommé préfet de l'ancien département de la Stura. Le 12 mars 1813 , il passa à la préfecture du Haut-Rhin , qu'il administra jusqu'au retour de Napoléon en 1815. Après la seconde rentrée des Bourbons , il devint préfet de l'Allier et, le 15 mai 1816 , préfet de la Somme ; mais à peine installé dans la nouvelle préfecture , il fut obligé de la céder à M. le comte de Lezai-Marnesia. On attribua cette disgrace au refut formel que fit M. de Lavieuville d'influencer les élections. Rentré chez lui , ce fonctionnaire destitué fut accueilli de la manière la plus flatteuse par ses concitoyens qui l'honorèrent deux fois de leurs suffrages pour les représenter à la chambre des députés. Le 5 novembre 1827, il fut élevé à la dignité de pair de France que lui a enlevée la révolution de 1830. Il est mort dans sa terre de Châteauneuf (Ille-et-Vilaine), le 26 avril 1835. M. de Lavieuville n'a laissé dans le pays qu'il habitait que des souvenirs de bienfaisance (*).

(*) Nous croyons de notre devoir, et pour rendre hommage au noble caractère de cet ancien préfet , de signaler un fait qui l'honore essentiellement. Etant préfet à Colmar, M. le comte de Lavieuville fut soumis à une des ces épreuves difficiles dont l'homme d'honneur est le seul qui sache sortir avec avantage : Vers la fin de 1813 , deux envoyés

LAVILLEGONTIER (le comte Louis-Spridion-Frain de), pair de France , officier de la Légion-d'Honneur, naquit à Fougères (Ille-et-Vilaine) le 25 janvier 1756 ; il occupa sous le directoire des fonctions administratives et , le 3 mai 1800 , il fut appelé à celles de préfet des Ardennes. Ce département se vit privé de cet excellent administrateur avec le plus grand regret ; mais la chute de l'empereur, en 1814 , entraîna la sienne. Le 5 mars 1819, il fut dédommagé de sa brutale destitution par l'élevation à la pairie ; il mourut, revêtu de cette dignité , en 1824.

LAVILLEGONTIER (le comte de) , pair de France , officier de la Légion-d'Honneur, est fils du précédent, et débuta dans la carrière administrative par la sous-préfecture de Versailles , au moment où son honorable père était dans la plus complète disgrace ; ce qui ne l'empêcha pas de faire son chemin. Les sous-préfectures des chefs-lieux des départemens ayant été supprimées , M. le sous-préfet de Versailles fut appelé à la préfecture de l'Allier et, le 8 octobre 1817, poussé par la faveur ministérielle , il passa à celle d'Ille-et-Vilaine , qu'il quitta en 1824 , pour, en vertu du droit héréditaire, aller siéger à la chambre des pairs, en remplacement de son père, décédé. Sous les ministères Villèle et Polignac , ce noble pair s'est montré peu docile au pouvoir ; mais depuis la révolution de 1830 , sa seigneurie s'est prodigieusement amendée.

de S. A. R. le comte d'Artois vinrent dans cette ville lui faire des ouvertures pour s'informer des moyens que le prince pourrait employer pour entrer en France. M. le préfet ne balança point entre ses anciennes affections et ses devoirs présens ; il refusa toute communication avec ces deux envoyés et les fit reconduire sur l'autre rive.

LEBRUN DES CHARMETTES, chevalier de la Légion-d'Honneur, né à Bordeaux en 1783, a été successivement, sous le gouvernement impérial, secrétaire du célèbre Régnault-de-Saint-Jean-d'Angély et
sous-préfet de Castres. Il était sous-préfet à Saint-Ca-
lais depuis le 3 août 1815, où il avait été sans doute
oublié, lorsque une ordonnance royale du 16 octobre
1829 (ministère Polignac), l'appela aux fonctions de
préfet de la Haute-Saône ; mais il ne jouit pas long-
temps des agrémens attachés à cette place ; la révolution de 1830, à laquelle il ne s'attendait guère, lui
fut des plus contraires : il perdit sa préfecture. M. Lebrun est historien et poète : il a publié, en 1820,
l'*Histoire de Jeanne-d'Arc*, et un poème en 28 chants,
intitulé : l'*Orléanide*. La ville d'Orléans, voulant té-
moigner sa reconnaissance à l'auteur, lui envoya, à
titre de don, une médaille représentant d'un côté le
monument élevé dans son sein à la libératrice de la
France, et au revers une couronne de chêne et de
laurier avec cette inscription : « La ville d'Orléans à
M. Lebrun des Charmettes, auteur de l'Histoire de
Jeanne-d'Arc et de l'Orléanide, 1820. » M. Lebrun,
depuis sa disgrace en 1831, a produit une brochure
contenant quatre épîtres politiques sur nos extrava-
gances ; elles se font remarquer, disent ses amis
politiques, par le mordant des saillies et l'à-propos
de plusieurs bonnes épigrammes.

LECLERC (le comte Jean-Louis), chevalier de la
Légion-d'Honneur, frère puîné du général de ce nom
qui avait épousé une des sœurs de Napoléon, et mort
à Saint-Domingue, en 1803 ; est né à Paris en 1768.
En 1800, il se retira du service militaire où il était

entré fort jeune , et devint législateur ; plus tard , le
19 avril 1804 , il obtint la préfecture de la Meuse. Ce
fonctionnaire ayant manqué d'énergie pour l'exécution des lois et règlemens relatifs à la conscription , au
moment où la France était menacée de l'invasion des
ennemis , le gouvernement lui donna pour successeur
M. le comte de Saint-Aulaire , le 12 mars 1813 ; depuis cette époque M. Leclerc est resté dans l'oubli.

LECOUTEULX (le baron), chevalier de la Légion-
d'Honneur, fils de M. Lecouteulx-du-Molé , qui a fait
bâtir à Paris une rue connue sous le nom de Cour-
Mandar ; après avoir été successivemeut auditeur au
Conseil-d'Etat et inspecteur des vivres , il devint préfet de la Côte-d'Or. Il mourut à Dijon dans l'exercice
de ses fonctions , en avril 1812 , généralement regretté.

LEFAUCHEUX DES AUNOIX (Jean-Baptiste-An-
toine), chevalier de la Légion-d'Honneur , savant
publiciste , naquit à Pont-à-Mousson (Meurthe) , en
1752 ; sous-lieutenant dans le régiment de Bouillon
avant notre première révolution , il passa les premières années de sa jeunesse dans les colonies. Après
avoir quitté la carrière militaire, il entra dans l'administration des poudres ; il fut détenu à la Force pendant quelques mois de 1793 ; mais les besoins du service le rendirent à la liberté et à ses travaux. Nommé
préfet des Vosges le 22 janvier 1801, il quitta ce poste,
en 1803 , pour aller siéger au corps législatif , où il
demeura constamment jusqu'aux événemens de 1814.
Il se retira dans ses foyers et y vécut éloigné de toute
participation aux affaires publiques jusqu'au 23 mai

1834 , époque à laquelle cet homme de bien passa à une meilleure vie. M. le baron Lefaucheux conserva presque jusqu'à la fin de ses jours cet esprit orné qui le rendait attrayant aux hommes désireux de s'instruire : il avait causé avec *Francklin*, *Washington*, *Voltaire*, *Joseph II et Napoléon*.

LEGENDRE DE LUÇAY (N), naquit dans le département de l'Indre en 1754, fut administrateur de ce département de 1791 à 1799 ; devint préfet du Cher le 3 mars 1800, et fut remplacé par M. Belloc , le 2 novembre 1801. Il a été , pendant quelques années, préfet du palais sous l'empire. Il est mort en 1836. C'était un homme d'esprit et un homme de bien.

LEGOUX (N), chevalier de la Légion-d'Honneur, était sous-préfet de St-Amand lorsque , le 21 octobre 1836 , il fut nommé préfet de l'Aude ; il passa à la préfecture de la Haute-Loire , le 23 juillet 1837.

LEGRAS DE BERGAGNY (N), séminariste à la révolution de 1789 ; employé dans les administrations de l'armée de 1790 à 1799 ; secrétaire-général de la préfecture de la Dyle de 1800 à 1805 ; préfet de Magdebourg de 1806 à 1807, et directeur-général de la haute police du royaume de Westphalie de 1808 à 1813. Sans emploi en 1814 , il fut préfet de la Côte-d'Or pendant les cent-jours ; remplacé par M. de Choiseuil, le 12 juillet de la même année , il n'a plus reparu sur la scène politique.

LEMARCHAND DE LA FAVERIE, conseiller de préfecture de la Seine-Inférieure sous la restauration ; il quitta avec peine l'importante sous-préfecture du Hâvre , où il était depuis le mois d'août 1820 , pour passer à la préfecture du Var, à laquelle il fut appelé par ordonnance royale du 12 novembre 1835.

LE PASQUIER (N) , officier de la Légion-d'Honneur, ancien secrétaire-général de la Seine-Inférieure , a été nommé préfet du Finistère, le 8 juin 1832 ; vers le commencement de 1834 , le collége électeral de Quimper fut convoqué pour remplacer M. Kermorial, député décédé. M. de Châteaubriand devait réunir un grand nombre de suffrages de toutes les opinions ; sa nomination paraissait assurée ; mais M. le préfet se mit à l'œuvre, et il fit tant et si bien que le candidat ministériel triompha. M. de Châteaubriand , qui avait les chances les plus favorables , n'obtint que 49 votes. La conduite de M. Le Pasquier dans cette circonstance fut jugée digne de récompense : quelques mois après , il obtint la place d'intendant civil à Alger, où il demeura jusqu'au mois de mars 1836. Il est préfet du Jura depuis le 13 avril de la même année, et a été nommé officier de la Légion-d'Honneur quelques jours après.

LEPELLETIER D'AULNAY (le baron N) , chevalier de la Légion-d'Honneur ; il appartient à la même famille du conventionnel Lepelletier de St-Fargeau , assassiné par un ancien garde-du-corps , chez Fevrier, restaurateur au Palais royal , le 20 janvier 1793. M. Lepelletier d'Aulnay débuta dans la carrière administrative comme auditeur au conseil d'état, section des finances; en 1808, il sortit du conseil d'état pour aller administrer la préfecture du département de Tarn-et-Garonne, nouvellement créée. Il n'eut pas le bonheur de plaire aux Montalbannais ; son administration, peut-être trop sévère, lui suscita un nombre infini de contradictions ; néanmoins, il ne se découragea pas et se maintint dans son poste jusqu'au mois de mars 1813, époque où le gouvernement jugea à propos de lui donner un successeur et de l'envoyer à la préfecture de l'ancien département du Taro (Piémont). Le trône impérial croula en 1814. M. Lepelletier revint en France et tomba dans la plus complette disgrace ; lors des élections de 1827, il fut nommé membre de la chambre des députés ; on le compta au nombre des 221 votans pour l'adresse ; il siégeait encore dans cette chambre à l'époque de la révolution de 1830, et toujours dans les rangs de l'opposition libérale ; mais à la session législative de 1831, il devint ministériel, quoique, cependant, d'après le compte rendu de cette session, il fût regardé comme professant des opinions entièrement opposées au système suivi : toutes ses affections s'étant portées sur la famille déchue. M. Lepelletier d'Aulnay jouit d'une grande fortune et se trouve membre du conseil général de Seine-et-Oise.

LEROY (le baron Jean-Dominique) commandeur de la Légion-d'Honneur, naquit à Longuy (Orne), en 1773 ; il est décédé préfet des Basses-Pyrénées, à Pau, le 27 avril 1837, à la suite d'un long état de souffrance que le choléra avait déterminé et qui a résisté à tous les secours de l'art. M. Leroy fit partie de l'expédition d'Egypte et fut préfet maritime dans ce pays ; rentré en France en 1800, il fut nommé tribun. Le 10 décembre 1802, il devint préfet de l'Aude ; mais il rentra au tribunat un an après ; il passa ensuite au corps législatif et, le 22 juin 1811, il fut appelé à la préfecture du Var. Il administra le département du Loiret durant les cent-jours ; il contribua beaucoup par la sagesse de son administration au maintien de la tranquillité publique et au respect des personnes de ce département. Néanmoins le gouvernement royal ne tint aucun compte à ce fonctionnaire de sa noble conduite et de ses talens administratifs : M. Leroy fut remplacé, le 12 juillet 1815, par M. de Talleyrand, son prédécesseur, et renvoyé sans fonctions. Le 6 août 1830, il reparut sur la scène politique, comme préfet d'Ille-et-Vilaine, d'où il passa à le préfecture des Basses-Pyrénées, le 12 juillet 1832. Il avait été promu au grade de commandeur de la Légion-d'Honneur, le 2 février 1836.

LEROY DE CHAVIGNY (N), chevalier de la Légion-d'Honneur, né le 10 mars 1783. Personnage inconnu à tous les biographes, il débuta dans la carrière administrative par la sous-préfecture de Saint-Denis ; nous ignorons le temps qu'il y resta, mais ce que nous savons fort bien, c'est que, le 2 janvier 1823, il fut nommé préfet des Pyrénées-Orientales. Le premier septembre 1824, il fut rappelé, sur sa demande, à la préfecture de l'Allier, où il serait encore si le gouvernement né de la révolution de 1830 avait voulu l'y laisser.

LESSEPS (le comte de), chevalier de la Légion-

d'honneur, issu d'une famille noble, est né en 1774;
il n'avait que quinze ans lorsqu'il émigra et servit
quelque temps dans l'armée des princes en qualité de
mousquetaire. De pressantes démarches ayant été
faites sur sa demande auprès du gouvernement français pour obtenir sa rentrée dans sa mère-patrie, elles
furent couronnées d'un heureux succès. Dès lors, il
s'attacha avec affection à la cause républicaine; il sollicita la faveur de faire partie de l'expédition d'Egypte.
Sa demande fut accueillie, et il s'embarqua avec le
titre d'élève consul. De retour en France, le gouvernement l'appela à des fonctions diplomatiques qu'il a
dignement remplies jusqu'en 1814. Il a été préfet du
Cantal dans les cent-jours; ce département se souvient
encore avec bonheur de sa paternelle mais trop courte
administration. D'après quelques renseignemens qui
nous ont été fournis, il paraîtrait que M. de Lesseps
rentra dans la diplomatie, sous le gouvernement de
la seconde restauration. Quant à sa position actuelle,
nous l'ignorons complètement.

LESTRADE (le comte Odon de), chevalier de St-
Louis et de la Légion-d'Honneur, né à Gien le 26
juillet 1787. En 1814, il devint sous-préfet de Ro-
chechouart. Aux événemens des cent-jours, il perdit sa place et la recouvra dès que le pouvoir royal
fut rétabli; il passa, en février 1819, à la sous-préfecture de Gien ; il donna sa démission dans le mois
d'octobre 1827. Le 12 novembre 1828, il devint préfet de la Lozère. La révolution de juillet amena sa
déchéance; M. Gabriel lui succéda, et il rentra dans
la vie privée.

LETOURNEUR DE LA MANCHE (Antoine-François-Louis-Honoré), naquit à Granville, en 1751; il était capitaine de génie en 1789, et fut nommé, en 1791, député à l'assemblée législative; vers la fin de 1792, il fut chargé de la direction des travaux du camp, sous Paris. Réélu à la convention nationale, il y vota la mort de Louis XVI, de la manière suivante : « Comme juge, je consulte la loi; toutes les » considérations s'évanouissent devant elle; je vote » pour la mort (*). » Il rejeta l'appel au peuple et le sursis. Membre du comité militaire, il s'occupa exclusivement des rapports sur l'organisation de l'armée; il présida la convention nationale du 6 janvier 1795, au 20 du même mois. Il entra ensuite au comité du salut public; le 1er novembre suivant, il fut nommé membre du directoire exécutif et écrivit à ce sujet au conseil des cinq-cents la lettre dont la teneur suit :

« Si je ne consultais que la faiblesse de mes talens, » je laisserais à un autre la place importante à la- » quelle vient de m'appeler le conseil des anciens : » mais je me suis rappelé que le courage et le dévoû- » ment à sa patrie sont le propre d'un républicain. » Je monterai donc à la brèche; mon premier vœu » est de maintenir la république, une et indivisi- » ble (**). » Il sortit du directoire en mai 1797, et fut nommé inspecteur-général d'artillerie; quelque temps après, le gouvernement l'envoya à Lille, en qualité de ministre plénipotentiaire, pour négocier la paix avec l'Angleterre. La journée du 18 fructidor entrava ces négociations qui n'eurent pas de suite.

(*) *Moniteur*, année 1793.
(*) *Moniteur*, année 1795.

Revenu à Paris , M. Letourneur fut envoyé à Gênes avec les fonctions de consul-général de France ; il y resta jusqu'après la révolution du 18 brumaire. Le 3 mars 1800 , il devint préfet de la Loire-Inférieure ; mais lorsqu'en 1804 , Napoléon ceignit le bandeau impérial , le républicain Letourneur donna sa démission ; cependant , plus tard , en 1810 , il accepta les fonctions de conseiller à la cour des Comptes, qu'il a remplies jusqu'au mois de juillet 1815. Il a été compris dans la loi du 12 janvier 1816 , et il se retira à Bruxelles , où il mourut le 4 octobre 1817.

LEZAI-MARNESIA (le comte Adrien de) , commandeur de la Légion-d'Honneur, naquit à St.-Julien (Jura) , en 1770 , d'une ancienne famille ; au commencement de la révolution , il se trouvait à l'école diplomatique de Brunswick. Rentré en France après le règne de la terreur, il publia plusieurs écrits dans lesquels il manifesta son amour pour la cause de la liberté , mais en même temps sa haine pour l'anarchie. Il concourut aussi à la rédaction du *Journal de Paris.* Accusé d'avoir pris part au mouvement séditieux du 13 vendémiaire an IV (5 octobre 1796) , il crut prudent de quitter la capitale, où il revint lorsqu'il eut la certitude qu'il n'y avait plus de danger à courir. Sa tranquillité fut bientôt troublée ; il se vit contraint de s'expatrier après le 18 fructidor : il se retira en Suisse. --- Le directoire fut renversé ; alors, M. de Lezai-Marnesia, parent de l'épouse du premier consul, sollicita et obtint la faveur de rentrer dans sa patrie. Il fut nommé ambassadeur du gouvernement français auprès de l'électeur de Saltzbourg, et puis chargé de préparer la réunion du Valais à la France.

Le 15 mai 1806, il devint préfet du département de Rhin-et-Moselle ; le 12 février 1810, il passa à la préfecture du Bas-Rhin ; il se fit chérir et estimer dans ces deux départemens, et mourut à Strasbourg, le 9 octobre 1814, des suites d'une chute de cheval, en se rendant au-devant du duc de Berry, qui arrivait ce jour-là dans cette ville. M. de Lezai-Marnesia a publié en 1794 : *Les Ruines* ou *voyage en France*, pour servir de suite à celui de la Grèce, et en 1795 : *Qu'est-ce que c'est que la Constitution de 1793 ?* ainsi que plusieurs autres brochures politiques.

LEZAI-DE-MARNESIA (le comte Albert-Madeleine-Claude de), pair de France, officier de la Légion-d'Honneur, frère du précédent, né à Montone, arrondissement de Lons-le-Saulnier, département du Jura, le 5 juin 1772 ; il émigra en 1791 avec son père, ex-constituant. Rentré en France sous le consulat, il vécut dans la retraite pendant toute la durée du règne de Napoléon, et n'a paru sur la scène politique que le 17 juillet 1815, époque où le roi l'appela à la préfecture du département du Lot ; là, il eut à éprouver les traits empoisonnés de la plus noire calomnie de la part du parti ultra-monarchique, en tête duquel figuraient MM. Sirieys de Mayrinhac et Lachèze-Murel, de Martel. Il fut accusé : 1° d'avoir, dans les élections qui eurent lieu en vertu de l'ordonnance royale du 5 septembre 1816, employé des moyens illégaux et de s'être servi de quelques expressions peu mesurées pour écarter de l'urne électorale ceux qu'on désignait sous le nom d'ultra-royalistes. Cette accusation fut infirmée par la chambre des députés, qui valida les élections du Lot ; 2° d'avoir été reçu à Saint-Céré, lors de sa première tournée départementale , sous un arc-de-triomphe surmonté d'une couronne tricolore. Pour la complète justification des habitans de cette ville, cette affaire , à la diligence de M. le maire , fut portée devant le tribunal de Figeac qui, sur le rapport de M. le juge-commissaire (une enquête ayant été préalablement faite par le juge-de-paix du canton de Saint-Géré, qui porta dans l'instruction de cette procédure tout le soin et toute l'attention que sa nature et son importance exigeaient), par son ordonnance du 14 novembre 1816, reconnut l'absurdité de cette imputation, et déclara qu'il n'y avait pas lieu à poursuivre. Durant cet intervalle, M. de Lezai-Marnesia avait été appelé, à titre d'avancement, à la préfecture de la Somme; plus tard, le 1er octobre 1817, il passa à la seconde préfecture de France (Lyon). Le département du Rhône jouissait paisiblement des bienfaits d'une paternelle administration , lorsque parut l'ordonnance royale du 9 janvier 1822, qui donna pour successeur à M. de Lezai-Marnesia M. le comte de Tournon. Cette disgrace fut provoquée par les mêmes hommes qui l'avaient précédemment si odieusement calomnié. Sous le ministère Martignac , le 12 novembre 1828, il devint préfet de Loir-et-Cher, où il a été maintenu par le gouvernement de Louis-Philippe. Il a été membre de la chambre des députés et il a constamment voté pour le ministère. --- M. le comte préfet est pair de France depuis le 11 septembre 1835.

LÉZARDIÈRE (le comte Charles-Robert de), chevalier de Saint-Louis et ancien émigré, issu d'une famille noble de la Vendée ; il fut chef d'état-major des

gardes nationales de ce département de 1816 à 1818 ; nommé député, en 1824, par le collége électoral des Sables-d'Olonne, il a été l'un des membres les plus influens de la contre-opposition ; il siégea à la chambre jusqu'en 1827 ; il devint ensuite membre du conseil-général de la Vendée et, le 12 novembre 1828, sous le ministère Martignac, préfet de la Mayenne ; mais le 2 avril 1830, il fut brutalement destitué par le ministère Polignac. Avant de quitter sa préfecture, M. le comte adressa à tous les fonctionnaires de ce département une circulaire dont nous avons extrait le passage suivant : «Ma destitution m'étonne, Messieurs,
» je ne la vois motivée par aucun acte de mon ad·
» ministration ; personne, je le crois, n'a le droit de
» soupçonner ma fidélité au roi : elle est garantie par
» ma vie entière. » Réélu député aux élections de 1830, M. de Lézardière se plaça à l'extrême droite ; dans la séance du 7 août de cette année, il monta à la tribune pour combattre les propositions de son collègue Bérard, et il s'exprima en ces termes :

« Dans le collége dont je faisais partie, j'ai juré
» d'être fidèle au roi et à la charte constitutionnelle ;
» les électeurs se sont liés par le même serment.
» J'interroge ma conscience : elle me défend d'inter-
» vertir mon mandat dans les circonstances sous le
» pouvoir desquelles nous sommes maintenant. Les
» indignes conseillers de la couronne ont légitimé la
» victoire ; j'applaudis aux mesures qui ont été prises
» après cette victoire. Je paie le juste tribut de ma
» vive reconnaissance au prince qui a contribué à
» maintenir la tranquillité : mais je ne puis aller plus
» loin. Je ne suis pas autorisé à renverser les lois
» jurées, à renverser la société. Il ne peut y avoir que

» d'interminables malheurs à déposer les rois. Telle
» est ma conviction profonde; j'en dois la manifesta-
» tion à la chambre et à la France.

» Des hommes que j'estime, que j'aime, ont des
» opinions différentes ; j'ai combattu les flatteurs du
» pouvoir; je n'ai connu du pouvoir que des disgraces.
» J'ai entendu parler du danger qu'il y aurait à faire
» connaître ses opinions à cette tribune ; mais un
» homme d'honneur n'est point arrêté par de sem-
» blables considérations. Je vote contre la déchéance
» et contre toutes les propositions (*). » Depuis cette
époque, il est rentré dans la vie privée.

LIÉGEART (Georges-Bénigne). Nous dirons d'a-
bord qu'il est chevalier de la Légion-d'Honneur et
que, sous le gouvernement impérial, il fut successivement membre du conseil de préfecture à Verceil
(Sesia), secrétaire-général des préfectures de Loir-et-
et-Cher et de l'Ourthe; en 1814, sous le règne de
Louis XVIII, il passa avec les mêmes fonctions à la
préfecture de Maine-et-Loire. En août 1815, il fut
nommé sous-préfet à Uzech et, le 18 mars 1819, il
devint préfet des Hautes-Alpes. Dans ces nouvelles
fonctions, M. Liégeart montra quelques velléités en
faveur des principes libéraux et ne se laissa pas dé-
border par le clergé : un tel fonctionnaire ne pouvait
nullement convenir au système du ministère Villèle ;
aussi, le 27 juin 1823, parut une ordonnance royale
contre-signée Corbière qui lui annonça sa révocation.

LIGNIVILLE (le baron René-Charles de), comman-

(*) *Moniteur,* 1830, 2ᵉ sem.

deur de la Légion-d'Honneur, naquit en 1759 ; il entra fort jeune au service militaire ; à seize ans et demi,
il était capitaine d'une compagnie de dragons. Il se
trouva au siège de Gilbraltar, en 1782, à la tête du
55ᵉ régiment d'infanterie dont il était colonel, et parvint successivement au grade de lieutenant-général,
auquel il fut élevé en 1790. Il continua de servir dans
les armées républicaines et s'y distingua par ses talens
et par une intrépidité étonnante. En 1792, il défendit
avec un courage héroïque la place Montmedy, vivement assiégée par les Prusiens, qui furent forcés de
lever le siège. Dans la même année, il se couvrit de
gloire à l'armée de Sambre-et-Meuse ; en 1793, il
servait sous les ordres du général en chef Custine,
lorsque la convention nationale, dans sa séance du
4 avril, décréta sa mise en arrestation ; cette mesure
n'eut pas de suite, il fut remis en liberté et rendu à
l'armée qui regrettait amèrement cet excellent officier-général.

Peu de temps après, affaibli par de longues fatigues
et couvert d'honorables cicatrices, le général Ligniville se retira dans ses foyers avec une pension de retraite. Le 3 mars 1800, il parut de nouveau sur la
scène politique, comme préfet de la Haute-Marne.
Le 25 germinal an X (13 avril 1802), il fut élu
membre du corps législatif, d'où il sortit en 1807,
pour aller occuper une place d'inspecteur-général
des haras ; il remplissait encore ces fonctions lorsque,
atteint d'une hémiplégie, il mourut dans sa terre de
Boncourt, le 15 septembre 1813.

LIMAYRAC (le baron Charles-Antoine-Gabriel de),
chevalier de Saint-Louis et de la Légion-d'Honneur,

est né à Toulouse, le 1er avril 1770 ; il fut conseiller de préfecture sous le gouvernement impérial. En 1814, il devint sous-préfet de l'arrondissement de Toulouse ; sans emploi pendant les cent-jours ; préfet provisoire de la Haute-Garonne, au second retour du roi. M. de Rémusat ayant été nommé à cette préfecture par ordonnance royale du 12 juillet 1815, M. de Limayrac fut obligé de lui céder les rênes de l'administration, et de reprendre ses fonctions de conseiller de préfecture ; en août suivant, il fut élu membre de la chambre des députés. Il fut réélu en 1816, et il vota constamment en faveur du ministère. M. de Villèle, son compatriote et ami, étant parvenu au pouvoir, fit paraître une ordonnance, sous la date du 22 mars 1822, portant nomination de M. Limayrac à la préfecture de Tarn-et-Garonne ; le 18 juillet 1827, il passa à celle de Vaucluse ; et enfin, le 4 janvier 1829, sous le ministère Martignac, il fut admis à la retraite. Le 21 de ce même mois, il a obtenu une pension de 3,333 francs.

LINGUAT DE SAINT-BLANQUAT. Ancien émigré, chevalier de Saint-Louis et de la Légion-d'Honneur, né à Saint-Girons, vers 1770 ; en 1824, il fit son apparition sur l'horizon politique comme membre de la chambre des députés, et comme préfet du Gers. Dans ces deux postes, il se montra entièrement dévoué au ministère Villèle ; il ne fut pas réélu aux élections générales de 1827, et le 12 novembre 1828, sous le ministère Martignac, il passa à la préfecture de la Dordogne, qu'il perdit en 1830.

LOGARD (le baron Jean-François) officier de la

Légion-d'Honneur, naquit à Paris, en 1773; il était issu d'une famille écossaise qui accompagna le roi Jacques II en France lorsque ce monarque vint au secours de Charles VII. A l'âge de 20 ans, il fut enfermé à la Force pour cause politique et condamné à mort; mais puissamment aidé de quelques amis, il obtint sa liberté et émigra. Rentré en France vers le commencement du consulat, il fut employé au ministère de l'intérieur; plus tard, il occupa les fonctions de sous-préfet dans les pays conquis; après avoir été sous-préfet de Barbezieux en 1814, M. Locard devint préfet du Cantal le 12 juillet 1815. Dès son arrivée à Aurillac, il apprit, par le rapport d'un vil espion, que le maréchal Ney s'était réfugié au château des Bessonnies, situé sur les limites du département du Lot; aussitôt M. Locard se mit en mesure pour s'assurer de la personne de l'illustre proscrit à qui Napoléon, après la victoire d'Iéna, avait donné le glorieux titre de Brave des braves. Le maréchal fut arrêté, et la voix officieuse du *Moniteur* prodigua des éloges pompeux à M. le préfet du Cantal. Le 12 avril 1818, il passa à titre d'avancement à la préfecture du Cher, où il demeura jusqu'au 19 juillet 1820, époque de sa nomination à celle de la Vienne. Ici, dans la même année et par ses soins, eut encore lieu une arrestation d'un personnage distingué (le général Berton). Destiné à voyager, M. Locard fut appelé successivement, dans le courant de l'année 1823, aux préfectures du Var et de l'Indre; dans cette dernière préfecture, il se distingua par ses manœuvres dans les opérations électorales pour écarter de l'urne les candidats de l'opposition. La chute du ministère Villèle en 1828 amena sa destitution. Le 24 août 1829, sous le ministère Polignac, il reparut sur l'horizon administratif, comme préfet du Haut-Rhin ; la révolution de 1830 le fit entrer de nouveau dans la classe des simples citoyens : il se retira à St-Germain-en-Laye, où il mourut dans le mois de juin 1833.

LORROIS (Edouard-Louis), le *Moniteur* à la main nous disons que, par ordonnance royale du 10 août 1830, il a été appelé à la préfecture du Morbihan, et qu'il a été nommé officier de la Légion-d'Honneur le 9 août 1833. Voilà tout ce que nous avons pu recueillir sur le compte de cet administrateur né de la révolution de juillet.

M.

MAGNITOT (N), inconnu de tous les biographes, était commissaire de la marine à la création des préfectures : le 3 mars 1800, il obtint celle de la Manche. Le 8 février 1801 il fut appelé au conseil des prises, d'où il passa successivement aux préfectures coloniales de Tabago et de Saint-Domingue. Il est mort depuis plusieurs années.

MAHUL (Alphonse-Jacques), chevalier de la Légion-d'Honneur, est né à Carcassonne le 31 juillet 1795. Il termina ses études et fit son cours de droit à Toulouse; ensuite il fut reçu avocat à la cour royale de Paris. Mais il a abandonné le barreau pour s'occuper de littérature et de bibliographie. M. Mahul a coopéré, sous le règne de Charles X, à la rédaction du *Courrier Français* et de la *Revue encyclopédique*. Membre de la chambre des députés de 1831 à 1834,

ilcher chait à se consoler de sa disgrace législative
lorsque parut l'ordonnance royale du 12 novembre
1835 qui l'appela aux fonctions de préfet de la Haute-
Loire, et maintenant il occupe , depuis le 25 juillet
1837, la préfecture du Vaucluse. Nous ne dirons rien
de ses travaux administratifs ; ils sont d'ailleurs assez
insignifians. Quant à ses travaux et à son éloquence
parlementaire, si le lecteur est assez curieux de les
connaître , il pourra aisément satisfaire son désir en
consultant les journaux de l'époque et notamment
les séances de la chambre des députés des 28 septembre, 12 novembre 1831 et 19 janvier 1832. M.
Mahul , est maître des requêtes en service extraordinaire depuis le 12 novembre 1831. On rapporte au
sujet de cette nomination , que le lendemain M. Casimir Périer, s'entretenant avec un de ses familiers,
disait : « Nous avons fait ce petit homme maître des
» requêtes ; je le fait conseiller d'état, s'il veut pas-
» ser à l'opposition. »

MALARTIC (le baron Charles-Jean-Baptiste-Al-
phonse) , officier de la Légion-d'Honneur, neveu de
M. Pasquier, chancelier de France et président de la
chambre des pairs, est né à Paris en 1786. Il fut,
sous le gouvernement impérial , secrétaire de légation à Stutgard et à Cassel ; il rentra en France vers
le commencement de 1814, et , le 10 juin de cette
année, il fut nommé maître des requêtes en service
ordinaire. Sans emploi durant les cent-jours, il devint ensuite conseiller d'état; le 10 décembre 1828,
sous le ministère Martignac, il obtint la préfecture de
la Drôme, d'où le ministère Polignac l'appela à celle
des Vosges, le 2 avril 1830 ; le gouvernement né de

la révolution de juillet, par ordonnance du 10 août suivant, l'avait nommé préfet du Gers, mais par autre ordonnance du 14 septembre de la même année, cette nomination fut révoquée. Il est actuellement membre du conseil-général des Landes.

MALLARMÉ (le baron Claude-Joseph de), chevalier de la Légion-d'Honneur, naquit à Nancy, le 3 avril 1758; il entra au conseil des cinq-cents, où il s'occupa spécialement, comme jurisconsulte, des matières ressortant de l'ordre judiciaire. En 1799, il fut en mission à Strasbourg; revenu à Paris, il fut nommé tribun. La section de législation le chargea, en 1806, de développer, au corps législatif, les motifs d'adoption du projet de loi sur la procédure civile et, un an après, de soutenir le projet sur la contrainte par corps, à l'égard des étrangers; la préfecture de la Vienne devenue vacante par le décès de M. Cheron, un décret impérial, en date du 3 novembre 1807, appela à ce poste M. de Mallarmé. Dans ces nouvelles fonctions, il se montra administrateur sage et éclairé ; il fut conservé dans sa place par le gouvernement royal en 1814 ; mais ayant accepté, dans les cent-jours, la préfecture de l'Indre, il encourut une complète disgrace au second retour du roi ; M. de Mallarmé a obtenu, en 1820, une pension de retraite; il est mort en 1855, d'une attaque d'apoplexie, à sa campagne de Saint-Max, département de la Meurthe. Il était membre du conseil-général de ce département.

MALLEVILLE (le comte Pierre-Joseph-Jacques de), maître des requêtes honoraire, membre du conseil-

général de la Dordogne et officier de la Légion-d'Honneur, est né à Domme (Dordogne), en 1782 ; il était
auditeur au conseil-d'état de l'empire. En 1814, le
roi le nomma maître des requêtes en service ordinaire ; le 12 juillet 1815, il obtint la préfecture de la
Vendée. Mais trois mois après, il donna sa démission
pour cause de maladie. En 1819, il rentra au conseil
d'état, où il continua de siéger jusqu'à la chute de
Charles X. Il est mort le 20 juillet 1836, dans son
château du Repaire, près Domme.

MALOUET (le baron Louis-Antoine-Victor de),
pair de France, conseiller à la cour des comptes et
commandeur de la Légion-d'Honneur, né à Paris le
21 mars 1780, fils de l'ancien ministre de la marine,
mort en 1815. En 1803, le jeune Malouet fut nommé
secrétaire-général de la Creuse ; puis, successivement, sous-préfet de Villeneuve-d'Agen et préfet de
l'Aisne. Il n'occupa aucune fonction publique pendant les cent-jours ; après le retour du roi le 14 juillet
1815, M. Malouet obtint la préfecture du Pas-de-
Calais ; le 15 juillet 1818, il passa à celle de la Seine-
Inférieure, et enfin, le 19 juillet 1820, il fut appelé
à la préfecture de Strasbourg (Bas-Rhin). M. de Villèle qui, depuis 1816 (*), n'avait cessé de montrer
de l'humeur contre ce vertueux magistrat, étant parvenu au timon des affaires, fit remplacer M. le baron
Malouet, le 5 mars 1822. Depuis cette époque, cet

(*) Les élections du Pas-de-Calais furent vivement attaquées par
le coryphée du parti ultra-royaliste (M. de Villèle), dans la séance
du 7 mars 1815, comme ayant été influencées par le préfet, mais la
chambre fit justice de cette imputation en validant les élections.

(Moniteur, 1816).

ex-préfet n'a plus été employé dans la carrière administrative ; il était seulement conseiller d'état en service extraordinaire. Après la révolution de 1830, il
fut nommé conseiller maître à la cour des comptes,
et le 12 octobre 1832, créé pair de France.

MANCEL (Eugène), chevalier de la Légion-d'Honneur ; il doit son entrée dans les affaires publiques au
changement de dynastie survenu en 1830. Il fut d'a-
bord nommé sous-préfet de Lorient, et ensuite de
Douai. Le 21 octobre 1836, il devint préfet de l'Orne;
il passa au même titre, le 25 mai 1137, à la préfecture de la Vienne, où il est encore.

MARCEAU, frère du général de division de ce nom,
mort au champ-d'honneur à Altenkirchen, le 19 septembre 1796, est né à Chartres en 1767. Dès l'aurore de la révolution, il en adopta les principes avec
enthousiasme et devint commissaire central dans sa
ville natale. Vers la fin de 1799, il accompagna, en
cette qualité, le général Merlé dans son expédition
contre les Chouans, qui se trouvaient en grand nombre dans le départemeet de l'Orne. M. Marceau, à la
tête de la force armée, montra un courage bien
digne de son frère mort en combattant pour le triomphe de la république. Le 21 germinal an VIII (11 avril
1800), il fut nommé sous-préfet de Châteaudun, où
il fut remplacé après la déchéance de l'empereur Napoléon, en 1814. Le 6 avril 1815, il fut appelé à la
préfecture de l'Aveyron, qu'il perdit au second retour du roi.

MARCHAND-DUBREUIL (Charles-François), che-

valier de la Légion-d'Honneur, décoré de juillet , naquit à Paris en 1794 ; il se distingua par sa bravoure
dans les mémorables journées de juillet 1830. Le gouvernement de Louis-Philippe récompensa ce héros ;
il fut d'abord décoré de la croix instituée pour perpé-
tuer le souvenir de notre dernière révolution et ensuite nommé sous-préfet à Abbeville. Il quitta cette
sous-préfecture pour aller prendre possession de celle
de Blaye , où il se trouvait à l'époque de la détention
de la duchesse de Berry. Ce sous-préfet , d'après des
renseignemens qui nous ont été transmis par des personnes dignes de foi , contribua , autant qu'il le pouvait, à adoucir la captivité de la princesse ; il sut
allier dans cette circonstance ses obligations , comme
fonctionnaire , aux égards dus à l'infortune et au
malheur. Le 14 juillet 1833 , il obtint la préfecture
de l'Ain ; mais une déplorable catastrophe l'enleva
bientôt après à ses nouvelles fonctions et plongea
dans l'affliction la plus sensible sa famille.

Vers les premiers jours du mois d'avril 1834 , M.
Marchand-Dubreuil se rendit à Paris pour la célébra-
tion de son mariage, qui devait avoir lieu le 16 de ce
mois avec une demoiselle de cette capitale. La veille
de cet heureux jour, la garde nationale prit les
armes ; M. le préfet de l'Ain , par un zèle spontané ,
fut se placer dans les rangs de la compagnie com-
mandée par son frère , imprimeur, rue de la Harpe ;
rentré chez lui , il posa son fusil dans un coin de sa
chambre à coucher. Le lendemain matin , en s'ha-
billant pour se rendre chez sa future et de là à l'église,
il poussa une chaise qui le gênait ; la chaise fit tomber le fusil : cette arme dans sa chute partit , la balle
dont elle était chargée traversa le cœur du malheu-

reux fiancé , ressortit par l'épaule et alla s'enfoncer
dans la muraille ; M. Dubreuil expira sur le coup.
Un des ses amis , homme recommandable sous tous
les rapports, a bien voulu nous apprendre que M. Dubreuil a été élève distingué de l'école polytechnique ,
qu'il fut du nombre de ceux qui , en 1814 , combat-
tirent avec tant d'intrépidité contre les Prussiens , sur
les buttes Saint-Chaumont ; qu'il suivit l'armée française jusqu'à Fontainebleau et ne la quitta qu'après
le licenciement ; que , sous la restauration , il était
entré dans la marine, mais qu'il fut obligé , pour
cause de santé , d'abandonner cette carrière. Il était
avocat à la cour de cassation lorsque la révolution de
1830 éclata.

MARDOUX , sous-préfet d'Autun le 3 mars 1800 ;
il devint préfet de Maine-et-Loire, le 30 fructidor
an X (17 septembre 1802). Le 25 juillet 1805, il fut
appelé à la préfecture du département de Montenotte ;
mais il n'y resta pas long-temps , il fut remplacé par
M. le comte Chabrol de Volvic. Nous ignorons ce qu'il
est devenu depuis sa disgrace.

MARET (le comte Jean-Philibert) , officier de la
Légion-d'Honneur, frère aîné du duc de Bassano, ministre des relations extérieures sous le gouvernement
impérial , naquit à Dijon , le 13 mars 1758. Il était,
en 1789, sous-ingénieur des ponts-et-chaussées, dans
la province de Bourgogne ; c'est sur ses plans que fut
construite , à Dijon, la belle porte de Condé, qui
s'ouvre vers l'embranchement des deux routes de
Paris ; en 1796 , il fut nommé commissaire du gouvernement près l'administration départementale de la

Côte-d'Or; le 5 mars 1800, il obtint la préfecture du Loiret. Le 21 mars 1806, il entra au conseil-d'état, et devint ensuite directeur-général des vivres de la guerre. Son administration fut laborieuse et pleine de probité. Après la déchéance de Napoléon, en 1814, M. Maret se retira dans sa ville natale, où il mourut le 20 juillet 1827, entouré de l'estime publique; la médiocre fortune qu'il a laissée après lui honore sa mémoire.

MARQUIER (N), avocat, chevalier de la Légion-d'honneur, administrateur éclos du soleil de juillet 1830; il débuta par la sous-préfecture de Muret. La préfecture de l'Aveyron devenue vacante par le décès de M. Rozet, il fut appelé à lui succeder, en novembre 1836; mais son administration, dont ce département commençait déjà à ressentir les bons effets, y fut de courte durée. Une ordonnance royale du 24 juillet 1837 disposa de cette préfecture en faveur de M. Mazères, sous-préfet de Saint-Denis, l'un des protégés de M. de Montalivet, et M. Marquier fut envoyé à Privas (Ardèche).

Les Aveyronnais éprouvèrent de vifs sentimens de regret au départ de M. Marquier.

Quant au département de l'Ardèche, d'après des renseignemens puisés à des sources certaines, nous pouvons affirmer que ce pays rend hommage à la conduite administrative de ce préfet.

MARQUIS (Jean-Joseph), chevalier de la Légion-d'Honneur, naquit à Saint-Michel (Meuse) en 1747 : il était avocat au commencement de la révolution. Nommé à cette époque député de Bar-le-Duc aux

Etats-Généraux , il s'y montra enthousiaste du nouvel ordre des choses ; en 1791 , il devint grand-juge
près la haute cour nationale ; en septembre 1792 , ses
concitoyens l'élurent député à la convention nationale où , à l'appel nominal du 16 janvier 1793 , sur
la troisième question relative à la peine à infliger à
Louis XVI, il s'exprima ainsi : « Comme législateur,
» mon avis est que Louis soit détenu provisoirement
» comme otage , pour répondre à la nation des mou-
» vemens intérieurs qui pourraient s'élever pour le ré-
» tablissement de la royauté , et des nouvelles hostili-
» tés et invasions des puissances étrangères (*). » M.
Marquis avait voté , dans la séance du 15 , pour l'appel
au peuple et , dans celle du 19 , il fut d'avis du sursis. Après la session de cette assemblée , il entra au
conseil des cinq-cents , d'où il sortit par démission en
1797. Vers la fin de 1799 , il fut nommé commissaire
pour l'organisation des quatre départemens situés sur
la rive gauche du Rhin. Le 3 mars 1800, il devint
préfet de la Meurthe ; il administra ce département
jusqu'en 1808 , époque où il entra au corps législatif.
M. Marquis n'a occupé aucune fonction publique sous
les Bourbons ; il vivait retiré depuis 1814 dans ses
foyers , où il mourut le 7 juin 1822 (**).

MARSON , personnage très-inconnu aux historiens

(*) *Moniteur,* 1793.

(**) Il s'était fait chérir dans le département de la Meurthe , et un
écriteau assez singulier avait été placardé à la porte de l'hôtel de la
préfecture pour exprimer toute la satisfaction qu'éprouvaient ses administrés. On y lisait ce jeu des mots : Le baron Riouffe (c'était le
nom de son successeur) pourra devenir *Comte ,* mais il ne sera jamais
Marquis. 　　　　　　　　　　　　　　　(*Article communiqué.*)

et aux biographes. Le *Moniteur* nous a appris qu'il a été
commissaire central sous le directoire et préfet du
Doubs pendant un an, sous le consulat.

MARTIN (N), commandant de la Légion-d'Honneur,
né à Saint-Béat (Haute-Garonne), était fils d'un
riche négociant de cette ville ; il embrassa fort jeune
la carrière militaire et devint, en peu de temps,
colonel d'un corps de volontaires organisé à Toulouse.
Il se distingua à l'armée des Alpes et se couvrit de
gloire en Italie, où il fut promu au grade de général,
par le général en chef Bonaparte. Cette nomination
fut confirmée par le gouvernement, comme étant une
juste récompense due à sa bravoure ; dans ce nouveau poste, M. Martin se signala avantageusement,
non-seulement par son courage, mais encore par ses
talens. Vers la fin de 1799, il se retira du service
couvert d'honorables blessures, avec une pension de
retraite. Le 13 ventôse an IX (3 mars 1801), il fut appelé, par son ancien général en chef devenu premier
consul de la république française, aux fonctions de préfet des Pyrénées-Orientales. M. Martin, qui joignait à la
bravoure inséparable du militaire français les qualités qui constituent le fonctionnaire intègre et le bon
citoyen, se fit chérir et estimer dans ce pays où, par
une administration active, il procura des établissemens utiles. Un décret impérial, en date du 12 mars
1813, vint cependant lui ravir ses fonctions ; les motifs de cette disgrace n'ont jamais été connus. Il se retira à Toulouse, où il est mort en 1815, avec le cal-
me d'une conscience sans reproche et environné de
de la plus grande considération.

MARTIN-DE-PUISEUX, chevalier de la Légion-d'Honneur. C'est au ministère Villèle à qui nous devons la connaissance de ce personnage inconnu jusqu'alors ; il était sous-préfet de Pontoise lorsque, le 27 juin 1823, il fut nommé préfet de Maine-et-Loire, où il mourut dans l'exercice de ses fonctions, le 19 octobre 1826 : ses obsèques furent célébrées le lendemain 20, à Angers, avec beaucoup de pompe. Cette cérémonie avait attiré une immense population, qui témoignait par sa présence les regrets que faisait naître parmi les Angevins la mort prématurée de leur respectable préfet.

MASSON-DE-SAINT-AMAND (Claude), chevalier de la Légion-d'Honneur, né à Paris en 1756 ; maître de requêtes de l'hôtel du roi avant la première révolution. Il n'a occupé aucune fonction publique sous la convention nationale et sous le directoire : en 1801, il fut nommé préfet de l'Eure. Il faisait du bien dans ce département ; néanmoins il eut des ennemis qui obtinrent, à force d'intrigues, sa destitution le 29 juillet 1805. Il a publié, en 1807, l'*Art d'aimer*, d'Ovide, traduction nouvelle. Il est mort en 1835.

MAURICE (le baron Jean-Frédéric-Thomas), chevalier de la Légion-d'Honneur, né en 1772, à Genève, où il a professé les mathématiques pendant quelques années. En l'an VIII (1800), il vint se fixer à Paris, où par sa conduite et ses talens il sut s'attirer la bienveillance de l'empereur Napoléon. S. M. lui donna d'abord une place d'auditeur au conseil-d'état et, le 6 mars 1807, elle le nomma préfet de la Creuse ; le 6 mars 1810, M. Maurice fut transféré à la préfecture

de la Dordogne. Remplacé dans ses fonctions de préfet,
le 10 juin 1814, il fut nommé maître des requêtes
en service ordinaire ; il a constamment siégé au
conseil-d'état, en cette qualité, jusqu'à la chute de
Charles X.

MAUSSION (Louis-Urbain), chevalier de la Légion-
d'Honneur, décoré de l'ordre de l'Aigle-rouge-de-
Prusse, né à Tanlay (Yonne), le 27 août 1765, fut
d'abord auditeur au conseil-d'état près le ministère
des affaires étrangères, et devint ensuite recteur de
l'Académie d'Amiens. Il occupait encore cette place
au retour de Napoléon de l'Ile-d'Elbe. Il se prononça
ouvertement, à cette époque, en faveur de la cause
royale ; cette conduite, qui n'était pas alors sans
danger, lui valut la préfecture de la Meuse après la
seconde restauration ; mais M. l'ex-recteur ayant ap-
porté dans ces nouvelles fonctions toute la roideur et
la morgue d'un pédagogue, ne pouvait rester convenablement à ce poste ; aussi, le 6 août 1817, le gouvernement lui envoya un successeur, en l'admettant
toutefois à faire valoir ses droits à la retraite. M. Maussion est mort il y a quelques années ; il jouissait d'une
pension de retraite de 2166 francs depuis le 1er juillet
1818.

MAZÈRES (Edouard), officier de la Légion-d'Honneur, est né à Paris vers 1776 ; son éducation terminée, il s'adonna à la culture des lettres. Il a produit
plusieurs bonnes pièces de théâtre qui font partie du
répertoire de la Comédie-Française. A la révolution
de 1830, il fut fait chef-d'escadron de l'état-major de
la g·rde nationale parisienne et ensuite nommé sous-

préfet de St-Denis. Le 12 novembre 1835, il a obtenu la préfecture de l'Ariège et, le 24 juillet 1837, il a succédé à M. Marquier, préfet de l'Aveyron, appelé le même jour à l'administration du département de l'Ardèche.

La conduite administrative de M. Mazères est digne d'éloges : il est actif, laborieux et d'une haute impartialité dans le maniement des affaires.

Quant aux élections générales de cette année (1839), il n'a, d'après les renseignemens que nous avons pris, usé que des moyens d'influence les plus légitimes.

MÉCHIN (le baron Alexandre-François-Edme), grand officier de la Légion-d'Honneur, officier de l'ordre de Léopold, conseiller d'état et président de la commission des monnaies, est né à Paris le 18 mars 1772. Après avoir été successivement commissaire supérieur à l'armée du Nord, chef de l'administration des poudres et des armes et secrétaire intime du ministre de l'intérieur Benezech, il devint, en 1797, gouverneur civil de Malte.

M. Méchin se rendant à ce nouveau poste avec sa famille, faillit devenir victime de la fureur populaire des habitans de Viterbe, royaume de Naples. Il dut son salut à la haute influence du cardinal Muzio-Gallo, évêque de cette ville.

Echappé à un danger si imminent, M. Méchin, toujours accompagné des siens, continua sa route; mais il ne put parvenir à sa destination. Quelque temps après, il fut envoyé à l'armée d'Italie en qualité de commissaire civil, et suivit le général Championnet dans son expédition contre Naples. Une mésintelligence ne tarda pas à se déclarer entre le commissaire et le général ; dès lors force fut au gouvernement d'interposer son autorité ; le général Championnet fut destitué et remplacé par le général Macdonald.

Sa mission terminée, M. Méchin revint à Paris, où il se trouva à l'époque du renversement du directoire (18 brumaire an VIII) ; le gouvernement consulaire, à la création de la nouvelle administration départementale, lui donna la préfecture des Landes ; le 9 juillet 1802, il passa, à titre d'avancement, à celle de l'ancien département de la Roër.

Le 17 septembre 1804, il fut rappelé dans l'intérieur et envoyé à Laon (Aisne), en remplacement de M. Belzais-Courmenil.

Après une administration d'environ six ans dans ce pays, il fut appelé à la préfecture du Calvados, le 12 février 1810. Une circonstance bien malheureuse attira sur lui la disgrace du pouvoir : le 3 mars 1812, un mouvement populaire, causé par la cherté des grains, éclata dans la ville de Caen ; dans cette occurrence délicate, M. Méchin eut à déployer toute la sévérité du fonctionnaire, et par sa noble fermeté et sa courageuse résistance, il parvint à préserver cette ville du pillage. Un grand nombre d'émeutiers furent arrêtés et traduits devant une commission militaire ; quatre d'entre eux subirent la peine de mort. En 1814, les ennemis de ce magistrat alléguèrent que ces quatre individus avaient été victimes de leur dévouement à la cause royale ; le gouvernement du roi se laissa circonvenir, et M. Méchin fut destitué. Cependant ce préfet, à cette époque, s'était franchement rallié au sceptre des Bourbons.

Le 22 mars 1815, l'empereur le nomma à la préfecture d'Ille-et-Vilaine, qu'il perdit à la seconde restauration. Depuis cette époque jusqu'à la révolution de 1830, il n'a occupé aucune fonction administrative. Il a été membre de la chambre des députés pendant onze ans, et a toujours fait partie de l'opposition.

En août 1830, il devint préfet du Nord et conseiller d'état en service extraordinaire ; le ministère Molé lui a donné un successeur dans sa préfecture, le 30 janvier 1839, et l'a appelé à la présidence de la commission des monnaies le 18 février suivant.

MÉCHIN (Edmond), chevalier de la Légion-d'Honneur, fils du précédent, né à Paris le 15 septembre 1799, était secrétaire-général de la préfecture de l'Aube, lorsque, vers le commencement de 1830, le ministère Polignac le congédia. On peut dire, sans crainte d'être démenti, qu'il a laissé à Troyes de vifs regrets de sa disgrace; il y était généralement estimé. Le 10 août 1830, il devint préfet des Pyrénées-Orientales ; mais il fut remplacé, en mars 1831, par M. Maurice Duval, ancien préfet de l'empire. On attribue cette mesure gouvernementale à la faiblesse qu'il montra pour la répression des troubles qui, à cette époque, se manifestèrent dans la ville de Perpignan. Si la faute fut grave, la punition a été sévère. M. Méchin resta sans emploi jusqu'au 25 juillet 1757, époque où il fut nommé préfet de l'Allier, en remplacement de M. Gattier, admis à faire valoir ses droits à la retraite.

MENARD (Jean-François-Xavier), commandeur de la Légion-d'Honneur, maréchal-de-camp en retraite, est né le 9 septembre 1756 ; il embrassa la carrière des armes et parvint successivement au grade d'adju-

dant-général. Le 8 février 1801 , il fut nommé préfet
de la Manche ; il ne conserva ce poste que très-peu de
temps, ayant été élu membre du corps législatif dans
le mois d'avril suivant. Plus tard , il devint général de
brigade et commandant de la Légion-d'Honneur. Il fut
mis à la retraite le 4 septembre 1815.

MENARD (Auguste), administrateur né de la révolution de juillet. De la sous-préfecture d'Alais , il fut
appelé à la préfecture du Gers , le 24 juillet 1837. Nous
ignorons s'il est parent du précédent. L'ordonnance
royale du 20 octobre 1838 , qui le fait passer du Gers
à la Creuse , nous est un sûr-garant que M. Menard
n'est pas en très-grande faveur.

MERCIER , chevalier de la Légion-d'Honneur, sous-
préfet d'Alais depuis la révolution de 1830, fut nommé,
le 14 juillet 1837, préfet du Vaucluse. Le 21 septembre 1834, il passa à la préfecture du Finistère , et le
21 octobre 1836, M. Gattier, préfet de la Manche ,
ayant été appelé à la préfecture de l'Allier, M. Mercier lui succéda à Saint-Lô.

MERLET (le baron Jean-François-Honoré), commandeur de la Légion-d'Honneur, né le 25 septembre
1761 à Doué, près Saumur, département de Maine-et-
Loire , était avocat et procureur-syndic du district de
cette dernière ville au commencement de la révolution.
En 1791, il fut nommé membre de l'assemblée législative , où il siégea durant toute la session, sans toutefois s'y faire remarquer. Il se retira ensuite dans ses
foyers, et traversa dans la retraite les orages de la révolution.

Le 30 novembre 1800, il devint préfet de la Vendée; vers le commencement de février 1809, il fut appelé successivement aux préfectures de Maine-et-Loire et de l'ancien département de la Roër; mais il n'accepta point et fut nommé aussitôt président de la commission des magistrats du Rhin. Les événemens de 1814 le forcèrent à évacuer ce pays; il rentra alors au conseil-d'état avec le titre de maître des requêtes et, après la seconde chute de Napoléon, il fut éloigné de toutes fonctions publiques.

MERVILLE (N), chevalier de la Légion-d'Honneur, fut nommé préfet de la Meurthe le 5 août 1830; mais il fut remplacé par M. Arnoult, le 22 janvier 1831. Cette destitution fut provoquée par la présentation au roi d'une adresse au nom des premières autorités du département, d'une grande partie des officiers de la garde nationale et d'un grand nombre de citoyens notables, qui exprimait trop vertement des sentimens patriotiques; cette adresse fut jugée séditieuse, et par conséquent le magistrat qui l'avait tolérée coupable.

MEULAN (Pierre-Louis), chevalier de la Légion-d'Honneur, né à Paris le 30 janvier 1767. En 1814, sous le patronage de M. Guizot, son beau-frère, il fut nommé sous-préfet de Fontainebleau. Le 7 avril 1824, il devint préfet des Vosges; il conserva cette préfecture jusqu'au 5 mars 1828, époque à laquelle il fut admis à faire valoir ses droits à la retraite.

MEUNIER fils (N), chevalier de la Légion-d'Honneur, débuta dans la carrière administrative après la révolution de 1830; il fut d'abord sous-préfet de San-

cerre et, le 12 novembre 1835, il obtint la préfecture des Basses-Alpes. Il est passé à celle de la Corrèze
le 20 octobre 1838.

MEYNADIER (N), co-réligionnaire et parent de M.
le comte Pelet de la Lozère, était secrétaire-général de
la préfecture de l'Eure lorsque, le 27 août 1830, il
fut nommé préfet de l'Indre. Le 12 novembre 1835,
il passa à la préfecture de l'Oise, qu'il céda à M. Bellon,
le 12 juillet 1836, pour aller remplir les fonctions de
secrétaire-général de l'instruction publique, qu'il
n'occupa que très-peu de temps, ayant été appelé le
4 septembre de la même année à la préfecture du Puy-
de-Dôme, en remplacement de M. Déjean, démissionnaire.

MICOUD-D'HUMONS (le baron Charles-Emmanuel),
chevalier de la Légion-d'Honneur, ancien membre du
conseil-général de la Seine et administrateur du Mont-
de-Piété; il fut nommé, le 17 avril 1806, préfet de
l'Ourthe; la ville de Liège, chef-lieu de cet ancien département, lui doit la construction d'un superbe quai
bâti le long de la Meuse. Rentré dans le sein de sa famille par suite de l'invasion étrangère, en 1814, il y
vécut entièrement oublié; le retour de Napoléon le
ramena sur la scène politique. Le 6 avril 1815, il obtint la préfecture de l'Aisne; mais Napoléon fut renversé de nouveau, et M. Micoud subit le même sort.
Il fut remplacé par M Nicolaï, en vertu d'une ordonnance royale du 12 juillet 1815. Depuis cette époque,
il n'a plus occupé de fonctions publiques.

MILET-MUREAU (le baron Louis-Marie-Antoine-

Destouf), lieutenant-général en retraite, commandeur de la Légion-d'Honneur, naquit à Toulon le 26 juin 1751. Issu d'une ancienne famille noble et originaire de Verdun, il prit le parti des armes ; il était officier supérieur du génie lorsque la révolution éclata en 1789. Lors de la convocation des états-généraux, il fut nommé membre de l'assemblée constituante ; il joua dans cette assemblée un rôle assez insignifiant.

En 1791, il rentra au service militaire et parvint, en très-peu de temps, au grade de général de brigade du génie. En 1799, le directoire lui confia le porte-feuille du ministère de la guerre, qu'il remit dans le mois de juillet de la même année au général Berna-dotte, aujourd'hui roi de Suède. M. Milet-Mureau, en quittant le ministère, fut nommé général de division.

En 1800, les consuls l'appelèrent aux fonctions d'inspecteur-général des fortifications ; mis au traite-ment de réforme, cet officier-général accepta la pré-fecture de la Corrèze, à laquelle il fut appelé le 28 avril 1802 ; dans ce nouveau poste, il se distingua par la sagesse de son administration ; néanmoins, M. Ca-mille Périer lui succéda, le 12 février 1810. Cette dis-grace fut vivement sentie par la population entière de ce département. En 1814, le gouvernement du roi l'envoya dans l'Ile de Corse pour y procéder à l'orga-nisation de l'infanterie. Après avoir rempli sa mission avec la plus grande distinction, il revint à Paris. Le roi Louis XVIII lui donna un témoignage éclatant de sa satisfaction particulière en daignant lui offrir en personne la croix de commandeur de la Légion-d'Hon-neur.

M. Milet-Mureau obtint, en 1815, une pension de retraite et, le 3 avril 1816, il fut nommé membre du conseil d'administration de l'Hôtel-des-Invalides. Il est mort à Paris le 6 avril 1825.

Cet officier-général était dépositaire des manuscrits de M. de Lapérouse; il rédigea le voyage de ce célèbre navigateur français, qu'il publia en 1798 avec un atlas.

MILON DE MESNE (le comte), chevalier de la Légion-d'Honneur, est né le 11 mars 1766, à Ville-Perdue (Indre-et-Loire); il émigra en 1792. Il demeura éloigné de sa patrie jusqu'àprès la chute du directoire; plus tard, il accepta du gouvernement impérial la sous-préfecture de Porentruy. Le 10 juin 1814, il devint préfet de la Charente et conserva cette préfecture jusques aux cent jours, époque à laquelle M. Duval lui succéda. Le 14 juillet 1815, il fut nommé préfet des Hautes-Pyrénées; le 19 juillet 1820, il passa à lapréfecture de l'Indre; enfin, le 11 août 1823 et à titre d'avancement, le ministère Villèle l'appela à celle du Doubs. Le 12 novembre 1828, sous le ministère Martignac, il fut remplacé par M. de Juigné, et admis à faire valoir ses droits à la retraite qu'il a obtenue en 1831. M. Milon de Mesne, d'après les renseignemens qui nous ont été transmis, était un excellent administrateur.

MIOLLIS (le baron), officier de la Légion-d'Honneur, a été préfet du Finistère depuis le 28 mars 1805 jusqu'au 12 février 1810, époque de sa destitution.

MIQUE (le baron), officier de la Légion-d'Honneur, décoré de plusieurs ordres étrangers, était maire de Nancy depuis plusieurs années, lorsqu'il reçut l'ordonnance du lieutenant-général du royaume, en date du 2 mai 1814, portant sa nomination aux fonctions de préfet de la Meurthe. Il conserva cette nouvelle place jusqu'après le retour de Napoléon de l'Ile-d'Elbe.

M. de Mique est mort le 27 mars 1816, victime d'un funeste accident : il était parti ce même jour de Nancy, en poste, pour se rendre à Epinal, accompagné de son fils, officier de gendarmerie. A quelque distance de la ville, les traits de la chaise de poste s'étant relâchés, le postillon descendit pour les rajuster ; les chevaux n'étant plus contenus s'emportèrent. M. de Miqué fils s'élança hors de la voiture : son père voulut suivre son exemple ; mais il tomba à la renverse sur une pierre, et se fendit le crane. Il ne survécut que deux heures à ce déplorable événement.

MIRAMONT (le comte Jean-Gaspard-Louis-Cassagne-Beaufort de), chevalier de la Légion-d'Honneur, issu d'une ancienne famille d'Auvergne. L'empereur Napoléon, en 1809, le nomma un de ses chambellans. Le 12 mars 1813, il devint préfet de l'Eure ; il déploya dans ces nouvelles fonctions une activité étonnante, surtout dans le cours des trois premiers mois de 1814. Napoléon renversé, M. de Miramont fut congédié ; mais il reprit aux cent-jours sa place de chambellan, et il fut appelé à la préfecture d'Indre-et-Loire. Au retour du roi, M. le chambellan-préfet fut de nouveau remercié : depuis cette époque il n'a plus été employé.

MOLÉ (Louis-Matthieu, comte), pair de France, ministre des affaires étrangères, président du conseil des ministres, grand officier de la Légion-d'Honneur,

est issu d'une famille illustre dans la magistrature ; il
est né à Paris en 1780. Un ouvrage qu'il publia en
1806 lui attira la haute bienveillance de l'empereur
Napoléon ; il devint successivement auditeur et maître
des requêtes en service ordinaire au conseil-d'état. Le
10 novembre 1807, il fut nommé préfet de la Côte-
d'Or; environ quinze mois après, le 19 février 1809,
il obtint la direction générale des ponts-et-chaussées,
avec le titre de conseiller d'état en service extraordinaire. Vers cette époque, il reçut la décoration de
commandeur de l'ordre impérial de la Réunion, et
fut créé comte.

Le 20 novembre 1813, il eut le portefeuille du ministère de la justice, dont il fut dépossédé par suite des
événemens de 1814. Il suivit l'impératrice Marie-Louise
à Blois, et néanmoins il rentra assez à temps dans la
capitale pour s'associer aux ingrats qui se prononcè-
rent pour la déchéance du souverain dont ils n'avaient
reçu que des bienfaits. Aux cent-jours, M. Molé parut
de nouveau sur la scène politique ; il revint à la direction générale des ponts-et-chaussées et accepta la
pairie ; mais plusieurs biographes prétendent qu'il
refusa de siéger à la chambre des pairs.

A la seconde restauration, le gouvernement du roi
lui conféra de nouveau cette dignité ; toutefois, cette
faveur ne fut pas octroyée sans réflexion (*). Lors du
procès du maréchal Ney, devant la cour des pairs,

(*) Lorsque le roi lut le nom de M. Molé sur la liste des pairs qui
lui fut présentée par M. le prince de Talleyrand, il l'effaça de sa main,
en disant : « M. Molé a servi Bonaparte dans les cent-jours , je le crois
déplacé sur cette liste. » M. de Talleyrand présenta la plume au souverain et lui répondit avec dignité : « Que le roi rétablisse ce nom ,
c'est Mathieu Molé qui le lui demande ; » et Louis XVIII l'écrivit de
sa main.   (*Histoire de la Restauration.*)

M. Molé, homme de l'empire, vota la mort de cet
ancien lieutenant de Napoléon. En 1817, le 12 septembre, M. Molé obtint le portefeuille du ministère de
la marine, qu'il remit par démission à M. le baron
Portal, le 19 décembre 1818. Son administration fut
marquée par des actes nombreux et des améliorations
sensibles. Il reconstitua d'une manière complète le
corps des officiers de la marine. Toutes les vieilles
capacités rappelées sous le ministère de M. Dubouchage, furent admises à la retraite. Durant le cours
de la restauration, M. Molé s'est montré royaliste constitutionnel; il a constamment voté avec l'opposition
libérale de la chambre des pairs. Immédiatement
après la chute de la dynastie de la branche aînée des
Bourbons, il fut nommé ministre des affaires étrangères; mais il ne conserva ces hautes et délicates
fonctions que très-peu de temps. M. le général Sébastiani lui succéda le 2 novembre 1830. Plus tard,
le 6 septembre 1836, M. Molé remplaça M. Thiers au
ministère des affaires étrangères et à la présidence du
conseil des ministres. Nous ne dirons rien de sa vie
politique depuis la révolution de 1830; un temps
viendra où chacun sera jugé selon ses œuvres.

MONTALIVET (le comte Jean-Pierre-Bachasson
de), pair de France, grand-officier de la Légion-
d'Honneur, grand'croix de la Réunion, etc., naquit
à Neunkirch (Moselle), où son père était commandant,
le 5 juillet 1766. Il était conseiller au parlement de
Grenoble avant 1789; il lutta avec courage contre le
système dévastateur de 1793; mais cependant, vers
le commencement de 1794, il fut contraint, pour se
mettre à l'abri des persécutions et des proscriptions,

d'aller se placer dans les rangs de l'armée, où il resta pendant quelque temps sous l'uniforme de caporal. Les temps étant devenus meilleurs, M. de Montalivet rentra dans le sein de sa famille, établie à Valence (Drôme), et fut nommé maire de cette ville. Ce fonctionnaire se fit remarquer par des talens administratifs plus qu'ordinaires. Doué d'une politesse exquise, il accueillit avec intérêt le jeune Napoléon Bonaparte, alors simple officier d'artillerie ; il était à cette époque loin de prévoir le brillant avenir de cet officier.

Bonaparte arrivé au pouvoir par ses hauts faits d'armes, se rappela l'accueil bienveillant du maire de Valence, d'ailleurs si recommandable par ses rares et excellentes vertus ; par arrêté du 29 germinal an IX (18 avril 1801), M. Montalivet fut appelé aux fonctions de préfet du département de la Manche, d'où il passa, le 31 mars 1804, à la préfecture de Seine-et-Oise. Le chef de l'empire, qui jugeait solidement les hommes, avait déjà su apprécier les talens et les mérites du préfet de Versailles et, voulant les utiliser, il le nomma d'abord conseiller-d'état, puis directeur-général des ponts-et-chaussées, et le créa comte de l'empire.

En 1809, M. Cretet, ministre de l'intérieur, mourut ; M. de Montalivet lui succéda. Ce choix eut l'approbation générale ; M. de Montalivet s'était déjà fait connaître de la manière la plus avantageuse dans la direction-générale des ponts-et chaussées. Il se montra digne, sous tous les rapports, de la haute confiance du souverain et de l'affection toute particulière dont ce monarque l'honorait (*). Il s'occupa activement de

---

(*) Napoléon aimait beaucoup cette famille ; — lorsqu'il en parlait, il se servait de cette expression : « C'est une famille d'une rigoureuse

tout ce qui pouvait contribuer à la splendeur de l'empire français. Aucun ministre, dans les temps moder-
nes, n'a eu le bonheur de laisser après lui autant de
monumens. Les arts et les sciences furent constamment l'objet de sa plus grande sollicitude.

En 1814, fidèle à son poste, il suivit l'impératrice
Marie-Louise à Blois. Après la déchéance de son bienfaiteur, il revint à Paris, où il vécut dans la plus profonde retraite jusqu'au mois de mars 1815. A cette
époque, il reparut sur la scène politique comme intendant-général de la couronne et pair de l'empire.
Après le second retour des Bourbons, M. de Montalivet fut au nombre des proscrits; il dut sa radiation à
M. Decazes, qui obtint cette faveur du roi.

Le 5 mars 1819, il fut créé pair de France. Dans
toutes les discussions parlementaires, il s'est toujours
montré le défenseur des intérêts de la nation. Ce noble
pair est mort dans sa terre de Lagrange, département
du Cher, le 22 janvier 1823. Il a laissé un fils qui est
aujourd'hui pair de France et ministre de l'intérieur.

MONTAUT-DESILES (Pierre), officier de la Légion-
d'Honneur, né à Condom (Gers), le 9 mai 1751. Après
avoir occupé pendant quelques années un emploi dans
les finances, il devint administrateur au district de sa
ville natale. En 1791, il fut élu député à l'assemblée
législative et, en 1797, membre du conseil des anciens.
Il se montra favorable à la journée du 18 brumaire;
aussi, lors de la création des préfectures, le 3 mars
1800, il obtint celle de Maine-et-Loire. En 1802, il fut

» probité et composée d'individus d'affection; je crois beaucoup à
» leur attachement. »   (*Mémoires d'une femme de qualité.*)

appelé de nouveau à la législature, et après avoir
remis les rênes de son administration à M. Mardoux,
son successeur, il quitta Angers pour aller prendre sa
place au corps législatif, où il a siégé jusqu'en 1809.
Depuis cette époque, il est rentré dans la vie privée.

MONTEGUT (N), ancien colonel d'infanterie (nous
ignorons s'il est parent du conventionnel régicide de
ce nom) fut assez heureux, lors des événemens de
1814, de donner des preuves de son grand dévouement
à la cause royale; on lui en tint compte; le 15 juillet
il fut nommé préfet du Gers; mais il manqua sans-
doute à ce dévoué serviteur les talens administratifs
pour seconder son zèle : on lui donna un successeur
le 20 février 1815. Depuis cette époque, il n'a plus
reparu sur la scène politique.

MONTLIVAULT (le comte Casimir Guyon de), commandeur de la Légion-d'Honneur, chevalier de Saint-
Louis et de Saint-Jean-de-Jérusalem, né en 1770, fut
du nombre des émigrés rentrés qui s'attachèrent au
char de Napoléon. Il devint, en 1811, receveur-général
des finances de la maison de l'impératrice Joséphine.
En 1814, M. de Montlivault s'empressa d'aller se ranger sous la bannière des lys; il obtint la préfecture
des Vosges.

Après le 20 mars 1815, il fut remplacé dans cette
préfecture; mais le 12 juillet suivant il fut nommé par
le roi préfet du département de l'Isère. Lors des malheureux événemens qui éclatèrent à Grenoble, dans
la nuit du 4 au 5 mai 1816, ce magistrat approuva
toutes les mesures rigoureuses prises par le général
Donnadieu : le sang coula. Cette conduite valut à M.

le préfet l'animadversion des Grenoblois. Il fut contraint de solliciter son changement. Le 17 octobre, il fut appelé à la préfecture du Calvados, où il fut encore poursuivi par ses anciens administrés : en août 1819, plusieurs citoyens de Grenoble portèrent plainte devant le conseil-d'état contre cet administrateur ; ils l'accusaient d'avoir outrepassé ses fonctions et abusé de ses pouvoirs. Cette plainte fut, sur les conclusions de M. Guizot, rejetée par le conseil-d'état. Les plaignans ne se déconcertèrent pas ; ils se pourvurent, en 1820, contre cette décision qu'ils qualifièrent de déni de justice ; à cet effet, ils adressèrent une pétition à la chambre des députés. Le rapport en fut fait dans la séance du 7 avril, et elle fut renvoyée au président du conseil des ministres et au garde-des-sceaux. Cette pétition, oubliée dans les cartons du ministère, ne produisit aucun résultat, et M. de Montlivault resta parfaitement tranquille à Caen, où il serait encore, si le gouvernement sorti des barricades de juillet 1830 avait voulu l'y laisser. Cet ex-préfet était aussi conseiller d'état en service extraordinaire depuis le 18 juin 1816.

MONTHUREUX (le baron François-Louis-Joseph Bourcier de), chevalier de Saint-Louis et de plusieurs ordres, né à Nancy le 4 mai 1768, émigra vers la fin de 1790, servit dans l'armée de Condé et dans l'armée anglaise, en qualité d'officier supérieur de cavalerie ; il rentra en France avec les Bourbons, en 1814. Il fut nommé à cette époque, par ses concitoyens, commandant civil de sa ville natale et, le 3 septembre, il devint préfet de la Corse ; mais à peine arrivé à Ajaccio, il reçut la nouvelle des événemens du 21

mars 1815. Il abandonna sa préfecture et se rendit en
Provence, où la cause royale comptait un grand nombre de partisans. Il fut successivement commandant
supérieur de l'arrondissement d'Aix, et envoyé à
Toulon pour faire rentrer cette place maritime sous
l'autorité du roi. Cette mission ne fut pas sans danger
pour lui.

Le 8 décembre 1815, il fut appelé à la préfecture
du département de la Dordogne, où il se distingua par
ses opinions ultra-monarchiques, et le 26 juin 1817,
il fut remplacé par M. Pepin de Bellille, et nommé,
pour fiche de consolation, maître des requêtes en
service ordinaire. Après la formation du ministère
Villèle, et le 2 janvier 1823, il obtint la préfecture de
l'Ardèche, où il demeura jusques vers le commencement de 1828, époque à laquelle il fut admis à la retraite. Par ordonnance royale du 21 janvier 1829, il
lui fut accordé une pension de 3,000 fr. , dont il jouit
à Saint-Dizier, département de la Haute-Marne.

MOREAU (Joseph), officier de la Légion-d'Honneur,
frère du fameux général en chef de ce nom mort en
1813 (voyez Moreau, dans la *Biographie universelle*),
est né à Morlaix. Il se présenta, le 5 pluviose an III
(24 janvier 1775), à la barre de la convention nationale, pour dénoncer le tribunal révolutionnaire de
Brest qui, par un jugement inique, avait envoyé son
malheureux père à l'échafaud, le 13 thermidor an II
(30 juillet 1794), le même jour où l'aîné de ses enfans, le général Moreau, ajoutait aux autres conquêtes
de la république le fort de l'Ecluse et l'île de Cadsan,
pris sur les Hollandais. Après avoir exposé que ce malheureux vieillard, père de cinq défenseurs de la pa-

trie, avait été condamné par ce tribunal sanguinaire sans avoir été préalablement entendu dans ses moyens de défense, il réclama de la justice de la convention qu'elle déterminât la nature de l'indemnité que lui et ses frères et sœurs avaient le droit de prétendre, à cause de la confiscation des biens de leur malheureux père (*).

Après le 18 brumaire, il entra au Tribunat; il ne parla qu'une seule fois dans cette assemblée, et dans une occasion bien intéressante pour ce tribun : il s'agissait de la défense de son frère, accusé d'avoir fait partie d'un complot tendant au renversement du gouvernement. Lors de la dissolution de ce corps, M. Moreau se retira à Morlaix, où il vécut dans la plus profonde retraite. En 1816, il fut nommé président du collége électoral d'Ille-et-Vilaine, et fut élu par ce collége membre de la chambre des députés, où il siégea avec la majorité. Il devint ensuite administrateur des postes. Le 6 août 1817, il obtint la préfecture de la Lozère, d'où il passa à celle de la Charente le 27 juillet 1821. Il conserva ses fonctions jusqu'au 2 janvier 1823, époque où il fut remplacé par M. le marquis Marnière de Guer. Depuis, M. Moreau n'a occupé aucune fonction publique.

MOREAU DE LA ROCHETTE (le baron Armand-Bernard), chevalier de la Légion-d'Honneur, naquit au château de la Rochette, près Melun, en 1787. Après avoir reçu une éducation soignée, il débuta dans la carrière administrative par une place d'auditeur au conseil-d'état près le ministre de la police générale.

(*) Voir le *Moniteur* de l'an III, page 523, 2ᵉ colonne.

Le 28 juillet 1811 , il fut nommé commissaire spécial
de police à Caen ; le 26 juillet 1814, il fut appelé à la
sous-préfecture de Provins ; il devint préfet de la
Vienne le 9 janvier 1819 , et enfin, le 19 juillet 1820,
préfet du Jura, en remplacement de M. Coucy. Il
mourut en fonctions à Lons-le-Saulnier, le 28 août
1822 ; sa dépouille mortelle fut transférée à son château de la Rochette, conformément à ses dernières
volontés. Il avait reçu du roi, en janvier 1815, la décoration de la Légion-d'Honneur, en récompense d'un
travail relatif à l'organisation de la garde nationale.
M. Moreau est auteur de l'*Amour crucifié*, traduction
d'Ausone, 1806, in-12 ; il en a été rendu compte par
le *Mercure de France* (*). Il a aussi sans doute publié
les *Adieux d'Andromaque et d'Hector*, traduit du grec
en vers français, in-8°. M. Moreau jouissait de la réputation d'un administrateur probe, actif et éclairé.

MORTARIEU (le baron Joseph-Pierre Vialettes de),
officier de la Légion-d'Honneur et chevalier de l'ordre
de Charles III d'Espagne, né à Montauban le 23 juin
1768. Il fut nommé maire de cette ville en 1806. On
prétend que c'est à ses pressantes sollicitations que
l'empereur Napoléon se décida, lors de son passage
à Montauban, en 1808, de créer le département de
Tarn-et-Garonne. Nous ne savons jusqu'à quel point
les amis de M. le baron pourraient justifier de cette
prétention ; quoiqu'il en soit, il a toujours été chéri
et estimé par ses compatriotes qui, à diverses re-
prises, lui ont donné des preuves de leur confiance ,
en le nommant leur mandataire soit au corps légis-

(*) Tome 28 , page 562 à 566.

latif, soit à la chambre des députés. Dans celle-ci, il siégea et vota avec les ministériels, et ne fit pas grand bruit dans aucune de ces deux assemblées. Pendant la durée de sa carrière législative, il s'occupa fort peu, ou pour mieux dire pas du tout, des intérêts de ses commettans, et s'appliquait cette vieille maxime : *Prima sibi caritas*, il ne songea qu'aux siens. En récompense de ses votes complaisans, il obtint, le 12 février 1819, la préfecture de l'Ariège; dès ce moment, les électeurs de son pays ne l'honorèrent plus de leur mandat. M. de Mortarieu, dont le caractère paraît assez souple, résista à tous les bouleversemens ministériels et se maintint à son poste jusqu'à la chute de Charles X. Il a obtenu du gouvernement de Louis-Philippe une pension de retraite dont il jouit à Montauban.

MOUNICAULT (N), fut nommé maître des requêtes au conseil-d'état en 1830. Sous le gouvernement de Louis-Philippe, le 14 juillet 1833, il devint préfet de l'Ariège et, le 12 novembre 1835, il passa à la préfecture des Vosges, en remplacement de M. de Siméon, appelé à celle du Loiret. Il a été transféré à Evreux (Eure), par ordonnance du 20 octobre 1838.

MOUNIER (Jean-Joseph), naquit à Grenoble le 12 novembre 1758. Il était avocat au parlement de cette ville avant la révolution; il fit partie de la fameuse assemblée dite la Constituante, dont il devint président. Il occupait le fauteuil lors des sanglantes journées des 5 et 6 octobre 1789; il se montra dans cette circonstance un des plus zélés défenseurs de la dynastie royale, et protesta avec force contre les actes

de l'assemblée qui , disait il , ne pouvait plus être re-
gardée comme libre.

Le pouvoir royal faiblit et M. Mounier, qui s'était
gravement compromis par ses actions et ses discours,
se retira dans son pays natal , d'où il s'expatria peu
de temps après. Il se fixa en Allemagne et forma , dans
les états du duc de Weymar, un établissement de haute
éducation pour les jeunes gens destinés aux fonctions
publiques. Il rentra en France après la chute du directoire , le 23 germinal an X (3 avril 1802), il fut
nommé préfet d'Ille-et-Vilaine , où il se faisait chérir
par une administration sage et éclairée ; mais l'empereur Napoléon , qui voulait s'entourer de toutes les
hautes capacités , lui donna un successeur et l'appela
au conseil-d'état en mars 1805. Il n'y siégea pas long-
temps : attaqué d'une hydropisie de poitrine , il mourut le 26 janvier 1806.

M. Mounier s'est aussi distingué dans la culture des
lettres : il a publié un grand nombre d'ouvrages dont
la nomenclature serait trop longue ; nous renvoyons
nos lecteurs à la *Biographie universelle.*

MOURGUES (Scipion), officier de la Légion-d'Honneur, fils de l'ancien ministre de ce nom, sous Louis
XVI , est né à Paris vers 1780. Entré dans les administrations publiques, il fut d'abord secrétaire-général
du ministère de l'intérieur, et ensuite conservateur
des archives. Nommé membre de la chambre des représentans en 1815, par le département de la Somme,
où il avait fondé un grand établissement manufactu-
rier et industriel, il s'y montra le défenseur des libertés publiques. Après la seconde restauration , M.
Mourgues rentra dans la privé et n'a reparu sur la

scène politique qu'après la chute de Charles X comme
préfet de la Loire ; le 14 mai 1831, il fut appelé à
la préfecture de la Dordogne. M. de Theis, préfet
de la Haute-Vienne, ayant donné sa démission, M.
Mourgues fut transféré de Périgeux à Limoges, par ordonnance royale du 14 juillet 1833 ; son départ de cette
première ville n'excita aucun regret. Sa conduite à l'é-
gard des réfugiés Polonais avait provoqué un mécon-
tentement général. Son arrivée à sa nouvelle destination fut marquée par des scènes de désordre ; il eût
la plus grande peine pour parvenir dans l'hôtel de la
préfecture ; cependant, grâce à l'intervention puissante de la force armée, l'ordre fut rétabli. Après un
séjour d'environ deux années dans une ville où il avait
rencontré une si vive opposition, il apprit sans doute
avec satisfaction son changement, Il est préfet des
Hautes-Alpes depuis le 2 juillet 1835.

MURAT (le comte François de), officier de la Légion-
d'Honneur. Il nous semble d'Auvergne ; mais nous n'a-
vons pu nous procurer la connaissance du lieu et de
la date de sa naissance ni de ses antécédens. Tout ce
que nous savons sur son compte, c'est qu'il débuta
dans la carrière administrative par la sous-préfecture
de Châtillon, après le second retour du roi ; que, depuis le 8 juillet 1818 jusqu'à la révolution de 1830,
il a été successivement préfet des départemens de l'A-
veyron, des côtes-du-Nord, du Nord et de la Seine-
Inférieure. Durant le cours de son administration, M.
le comte Murat accorda une protection spéciale aux
sciences, aux arts et à l'industrie, et ne négligea aucun moyen d'encouragement. Il a été aussi membre
de la chambre des députés ; là, il siégeait au centre

droit. Dans la session de 1830, il vota contre l'adresse.
La chambre ayant été dissoute par le roi Charles X,
M. de Murat fut réélu, mais son élection fut annulée.

MUSNIER DE LA CONVERSERIE (Augustin - Joseph) , officier de la Légion-d'Honneur, né à Longueville (Pas-de-Calais) , le 18 novembre 1768, frère du
lieutenant-général de ce nom. Il fut, sous le gouvernement impérial, maire de sa commune et sous-préfet
de Paimbœuf. Le 14 juillet 1815, le roi lui confia
l'administration du département du Morbihan ; le 18
avril 1816, il passa à la préfecture d'Agen (Lot-et-Garonne), où il se distingua par une administration
paternelle et habile. Il a été mis à la retraite en 1828.

MUSSET (Louis-Alexandre-Marie) , était curé constitutionnel de Falleron (Vendée), lorsqu'il fut nommé,
en septembre 1792 , député à la convention nationale,
où il vota la mort de Louis XVI, sans appel et sans
sursis. Après le 9 thermidor, il fut envoyé en mission
dans les départemens du Puy-de-Dôme , du Cantal et
de la Corrèze ; il entra ensuite au conseil des cinqcents, et en sortit en 1797 pour occuper une place
d'administrateur de la loterie.

Quelque t ms après , il fut envoyé à Turin en qualité de commissaire du pouvoir exécutif ; rentré en
France après le 18 brumaire, les consuls le nommèrent préfet de la Creuse, où il ne resta que dix-huit
mois, ayant été appelé au corps législatif. Il y siégeait
encore en 1814 ; il donna à cette époque son adhésion à la déchéance de Napoléon. Plus tard, contraint
de sortir de France, en vertu de la loi du 12 janvier
1816, il se réfugia à Bruxelles. Nous ignorons s il est
rentré ou s'il est mort dans l'exil.

N.

NAJAC (le comte Benoît-Georges de), commandeur de la Légion-d'Honneur, naquit le 22 novembre 1748. Lorsque la révolution éclata, il occupait les fonctions de commissaire-ordonnateur de la marine. En 1793, il fut nommé adjoint au ministère de la marine; et fut ensuite ordonnateur à Brest et à Toulon. Lors des préparatifs pour l'expédition d'Egypte, cet ordonnateur déploya une grande activité et beaucoup d'intelligence; le général Bonaparte lui en témoigna sa reconnaissance par de riches présens.

Le 5 thermidor an VIII (24 juillet 1800), il entra au conseil-d'état et fut attaché à la section de la marine, et un an après il devint préfet de la seconde ville de France. Le 11 thermidor an X (30 juillet 1802), il fut rappelé au conseil-d'état; en 1811, il obtint l'intendance-générale des classes et fut éloigné de toutes fonctions par le gouvernement du roi en 1814. Après le 20 mars 1815, M. l'intendant-général reprit ses fonctions dont il se vit privé de nouveau le 12 juillet suivant; mais il les recouvra encore en 1817. Il est mort en fonctions depuis quelques années.

NARJOT, administrateur-né de la révolution de juillet; il débuta par la sous-préfecture de Jonzac (Charente-Inférieure), d'où il est passé, le 20 octobre 1838, à la préfecture du Tarn, en remplacement de M. Crévecœur, destitué.

NAU DE CHAMPLOUIS (N), officier de la Légion-d'Honneur, ancien député des Vosges. Il a été l'un des

premiers, en 1815, à se faire inscrire parmi les volontaires royaux; il devint ensuite secrétaire intime de
M. Anglès, alors préfet de police, et maître des requêtes en service extraordinaire. Le 3 mars 1828, il obtint la préfecture des Vosges, qu'il a administrée jusqu'au 25 septembre 1839, époque où, par un changement de système politique, il crut devoir se retirer.
Le 10 août 1830, il accepta du gouvernement de Louis-
Philippe la préfecture du Bas-Rhin; mais, le 30 septembre 1831, il fut remercié et remplacé par M.
Choppin-d'Arnouville. Plus tard, sous le patronnage
de M. de Salvandy, son beau-frère, il fut appelé à la
préfecture du Pas-de-Calais; le 7 mars 1839, il a été
élevé à la dignité de pair de France.

NICOLAI (le marquis Scipion de), officier de la Légion-d'Honneur, commandeur de l'ordre de Saint-
Léopold d'Autriche. Il a successivement occupé, sous
le gouvernement impérial, les fonctions d'auditeur au
conseil-d'état, d'intendant-général à Wilna, dans la
Lithuanie, et de préfet de l'ancien département de la
Loire. Sous la restauration, en 1814, il obtint la préfecture de l'Ariège; mais il fut destitué, le 6 avril
1815, et remplacé par M. Bessières. Le 14 juillet suivant, il recouvra ses fonctions de préfet, et il fut envoyé en cette qualité à Laon (Aisne), pour y remplacer
M. Micoud, administrateur nommé par Napoléon. M.
de Nicolaï, dans ce nouveau poste, sut se concilier
l'estime et l'affection presque générale de ses administrés, à un tel point que ceux-ci l'ont constamment honoré de leurs suffrages pour les représenter
à la chambre élective, depuis 1816 jusqu'en 1827,
quoiqu'il eût cessé d'être leur préfet depuis 1820.

NOEL (François-Joseph-Michel), chevalier de la
Légion-d'Honneur, inspecteur-général honoraire des
études, né à Saint-Germain-en-Laye, le 12 janvier
1756 ; il fit ses premières études au collège Mazarin
et les acheva, comme boursier, au collége des Gras-
sins avec la plus grande distinction. Il fut ensuite
sous-maître et professeur au collège de Louis-le-
Grand; dans les dernières années de son professorat,
il remporta deux fois le prix d'éloquence, au jugement
de l'Académie française, pour les éloges de Louis XII
et de Vauban et obtint le prix d'encouragement.
Son ode sur la mort de Léopold, duc de Brunswick,
eut l'accessit et, lue par le célèbre littérateur de La
Harpe à la séance publique de l'Académie le jour de
la Saint-Louis de l'année 1787, elle reçut les plus
grands applaudissemens. En 1789, à l'aurore de notre
première révolution, il en adopta les principes, mais
sans exagération et, à cette époque, il donna tous
ses soins à la rédaction d'un journal patriote, intitulé : *La Chronique.* En 1790, il fut chef de division
au ministère des affaires étrangères ; en 1791, l'assemblée constituante, connaissant la haute capacité
de M. Noël, le proposa pour être un des précepteurs
du dauphin ; mais cette proposition n'eut pas de
suite.

En 1792, il fut envoyé successivement en mission
diplomatique à Londres, à Venise et à la Haye, et il
accompagna le général Dumouriez jusqu'à la bataille
de Nervinde. De retour à Paris, il fut arrêté par ordre
du conseil exécutif; cette mesure fut provoquée par
le courage que montra M. Noël, en blâmant de bonne
heure la conduite et les opérations du comité de
salut public dirigé par Robespierre. Mis aussitôt en

liberté, il fut envoyé comme ministre plénipotentiaire à Venise, mais accusé de modérantisme par les
députés violens de la convention , il fut rappelé en
1795, et nommé l'un des chefs de l'instruction publique, en remplacement de M. Clément de Ris , démissionnaire. Le général Pichegru s'étant emparé de
la Hollande, M. Noël y retourna comme ministre
plénipotentiaire de la république française près la
république batave; il se maria vers cette époque avec
la fille d'un honorable citoyen de Rotterdam. Chargé
d'importantes négociations financières et politiques,
M. Noël y eut une gestion de 5o millions de florins;
cependant ce vertueux diplomate en sortit sans autre
fortune que la pension de sa femme (dont le patri-
moine fut considérablement diminué par la réunion
de la Hollande) et le présent d'usage fait aux ambas-
sadeurs. En 1799, il entra au tribunat et, en mars
1800 , il fut appelé aux fonctions de commissaire-général de police de la seconde ville de France (Lyon),
livrée alors à toute la fureur des réactions : il parvint
à y rétablir l'ordre et la sécurité. Il devint, le 3o novembre de la même année, préfet du Haut-Rhin ; le
9 juillet 1802, le gouvernement lui envoya un successeur à Colmar et le nomma inspecteur-général des
études.

Il a été éloigné par la restauration du conseil d'instruction publique; le gouvernement de Louis-Philippe l'a mis à la retraite, à cause de son âge avancé.
M. Noël nommé à juste titre le bienfaiteur de la jeunesse, est auteur d'un nombre considérable d'ouvrages, presque tous relatifs à l'instruction; en 1827,
il a publié, avec Carpentier, un nouveau *Dictionnaire des origines, inventions et découvertes dans les*

arts, les sciences, etc. Depuis, avec le même, *la Philologie française* en 2 vol. in 8°.

NOGARET DE SAINT-LAURENT (le baron Pierre-Barthélemy), commandeur de la Légion-d'Honneur, né à Marvejols (Lozère), le 20 juin 1762; il était fils d'un conseiller à la cour des aides de Montpellier et destiné à lui succéder dans cette charge; mais la révolution de 1789 forca M. Nogaret fils de renoncer à cette survivance. Il alla s'établir, comme avocat, dans la ville de Rodez, vers le commencement de cette révolution; en 1790, il devint administrateur du département de l'Aveyron. En 1791, il fut élu par ce département membre de l'assemblée nationale; il ne se fit point remarquer dans le cours de cette législature. Il reprit ensuite ses fonctions administratives à Rodez, qu'il quitta de nouveau pour aller siéger au conseil des cinq-cents, et, le 3 mars 1800, par le haut crédit du consul Cambacerès, son contemporain et son ami, il obtint la préfecture de l'Hérault, où il fit le bien pendant quatorze années. Il donna sa démission, et il fut remplacé par M. Aubernon, le 13 janvier 1814; M. Nogaret entra à cette époque au conseil-d'état comme maître des requêtes; il refusa en cette qualité de signer l'acte d'adhésion de ce conseil à la déchéance de Napoléon et se retira. M. Nogaret a reparu de nouveau dans nos assemblées législatives; il a fait partie de l'opposition libérale sous la branche aînée des Bourbons; mais sous la branche cadette, malgré sa tendance légitimiste, il a voté constamment pour le ministère.

NORVINS (N), ancien redacteur de *La Renommée,*

l'un des collaborateurs du *Courrier Français*, littérateur distingué; connu par son *Histoire de Napoléon*, et surtout par son ouvrage *Sur l'immortalité de l'âme*, pour lequel l'Académie française lui a decerné, en 1830, un prix de 3,000 francs; il obtint, le 19 août 1830, la préfecture de la Dordogne. Le 14 mai 1831, il passa à celle de la Loire et, le 27 juillet 1832, il fut remplacé par M. Bret, sous-préfet de Sens. M. Norvins a repris ses travaux littéraires.

NUGENT (le comte Louis-François-Basile-Aimé de), chevalier de la Légion-d'Honneur, a été, sous le règne de Napoléon, maire et président de canton; sous-préfet de Rambouillet, en 1814. Il suivit le roi à Gand en mars 1815 et, le 14 juillet suivant, il fut nommé préfet des Hautes-Alpes; il a été ensuite appelé successivement aux préfectures des Landes, de la Sarthe, de la Charente-Inférieure, et enfin, le 3 mars 1828, à celle de l'Oise, d'où il envoya sa démission le lendemain de la chute de Charles X. M. le comte de Nugent se retira dans sa terre des Menils, près Montfort, département de Seine-et-Oise, où il s'occupe d'agriculture.

O

ODILON-BARROT, décoré de juillet, chevalier de la Légion-d'Honneur, jurisconsulte distingué, membre de la chambre des députés, et l'un des premiers orateurs de cette assemblée. S'il fallait rappeler à nos lecteurs tous ses travaux parlementaires depuis environ neuf ans qu'il siége à la chambre, et rapporter toutes ses brillantes plaidoiries dans les nombreuses affaires pour délits politiques que, comme avocat, il a été appelé à défendre, deux forts volumes in 4° seraient à peine suffisans pour en relater seulement le sommaire. Nous nous bornerons donc à dire que M. Odilon-Barrot a conservé, soit au barreau, soit à la chambre, ce haut degré de supériorité où l'ont élevé ses talens. Il fut un de ceux qui prirent la plus grande part à la révolution de juillet; nommé membre du gouvernement provisoire des trois jours, il fut chargé, avec deux de ses honorables collègues, d'accompagner le roi déchu et sa famille jusqu'à Cherbourg. De retour de sa mission, le 20 août 1830, il obtint la première préfecture du royaume, celle de la Seine, occupée provisoirement par M. de Laborde. Des circonstances particulières l'engagèrent à donner sa démission, vers les premiers jours de février 1831; mais il fut nommé conseiller-d'état en service ordinaire. Bientôt après, poussé par un entraînement patriotique et ne voulant nullement s'associer aux actes du ministère Périer, dont il désapprouvait et combattait avec toute la puissance de son talent la marche et la conduite politique, il renonça publiquement, à la tribune de la chambre, à sa place de conseiller-d'état, pour s'affranchir du seul lien qui l'attachait au gouvernement. Depuis cette époque, M. Odilon-Barrot est demeuré étranger à tout emploi salarié, mais toujours le défenseur des libertés publiques. On nous a assuré, sans cependant garantir le fait, que plusieurs offres brillantes lui ont été faites par un auguste personnage, mais qu'il a cru devoir les écarter.

ONFROY DE BREVILLE, chevalier de la Légion-d'Honneur, ancien sous-préfet de Vitry-le-Français.

Il devint préfet du Vaucluse, le 13 juillet 1836, et fut
appelé le 23 juillet 1837 à la préfecture de la Haute-
Garonne. A son arrivée à Toulouse, M. Onfroy de
Breville reçut la visite du corps municipal de cette ville;
M. le maire ayant manifesté que la municipalité était
dans la ferme et inébranlable volonté de se conduire
selon les principes révolutionnaires de juillet, alors
M. le préfet répondit : « Et moi aussi; il faudrait
» être un malhonnête homme pour manquer au man-
» dat que nous tenons du peuple. » M. Onfroy vient
de subir une petite disgrace; il a été remplacé à Toulouse par M. Floret, et envoyé à la préfecture d'Epinal
(Vosges), le 20 octobre 1838; il est passé à titre
d'avancement, à celle de la Somme, le 30 janvier
1839.

OZUN (Joseph-Antoine), issu d'une ancienne famille du Roussillon; il salua avec bonheur l'aurore
de notre première révolution qu'il servit ensuite avec
dévouement et fidélité dans des fonctions administratives jusques en 1793. Il reparut sur la scène politique après la mémorable journée du 9 thermidor et,
en 1796, il entra au conseil des cinq-cents. Il traita
dans cette assemblée, avec la plus grande distinction,
sur toutes les matières concernant les diverses branches de l'administration intérieure; plus tard, en
1799, il contribua par son habile coopération au renversement du directoire. En 1801, cet honorable législateur fut appelé à succéder à M. Fabry, préfet de
l'Ain, passé à d'autres fonctions. M. Ozun mourut à
Bourg, chef-lieu de sa préfecture, vers la fin de juin
1802, des suites d'une chute de cheval.

P

PAILLOT DE LOYNES (Victor), chevalier de la Légion-d'Honneur, ancien membre de la chambre des députés et du conseil-général de l'Aube ; il était membre de la chambre des députés depuis 1815, lorsque parut l'ordonnance royale du 11 juin 1817, qui combla tous ses vœux en le nommant préfet de la Mayenne. Mais, le 2 juillet suivant, il fut remplacé par M. de Coster , et il revint à Troyes, où il reprit ses fonctions de membre du conseil-général qu'il a conservées jusqu'à la chute de Charles X.

PANAT (le vicomte de), officier de la Légion-d'Honneur ; il fut, sous le gouvernement impérial, auditeur au conseil-d'état et secrétaire d'ambassade à Varsovie ; envoyé , en 1814, en cette dernière qualité , à Palerme et ensuite à Naples ; rappelé en 1819, M. de Panat fut élu député. Il siégea au centre droit et vota constamment avec la majorité ministerielle. En octobre 1824, il obtint la sous-préfecture de Bayonne et, le 3 mars 1828, il devint préfet du Cantal. M. de Panat cessa d'administrer ce département le 4 août 1830 et, après avoir remis l'interim à M. Fortet, doyen des conseillers de préfecture, il adressa une proclamation à ses administrés, dans laquelle ce magistrat déplore amèrement la chute du droit divin. Voici à ce sujet le paragraphe de sa proclamation que nous copions littéralement : « Je fais les » vœux les plus ardens pour que ma patrie n'ait pas » à regretter, dans une situation nouvelle, les quinze » années de paix, d'ordre, de prospérité , de bonheur

» et de liberté réelle dont elle a joui sous le régime
» de la charte et de la légitimité (*). »

Cet ancien préfet vient d'être nommé député; nous
n'avons pas besoin de dire, d'après ce qui précède, la
place qu'il occupera à la chambre.

PARRANT (Félix), chevalier de la Légion-d'Honneur, allié de M. Pelet de la Lozère. Son début dans
la carrière administrative date de la révolution de
1830; il fut nommé sous-préfet de Saint-Etienne et,
le 13 juillet 1836, il obtint la préfecture de la Mayenne, où il se trouve bien. Dieu l'y maintienne long-
temps en paix et en santé !

PASCAL (N), chevalier de la Légion-d'Honneur,
administrateur de la même époque que le précédent,
fut sous-préfet de Narbonne et, le 5 avril 1833, il
devint préfet des Pyrénées-Orientales , où il est
encore, à la grande satisfaction du gouvernement, de
ses administrés et de la sienne.

PASQUIER (Jules), officier de la Légion-d'Honneur, conseiller d'état en service ordinaire, né à
Paris, en 1770, et frère du président de la chambre
des pairs, chancelier de France; il était sous-préfet
à la Flèche, antérieurement à la déchéance de Napoléon. Le 10 juin 1814, il fut nommé préfet de la
Sarthe; mais, le 30 mars 1815, le gouvernement des
cent-jours lui envoya un successeur. Après le second
retour des Bourbons, M. Pasquier revint au Mans et

(*) *Recueil des actes administratifs de la préfecture du Cantal, année*
1830, n° 24.

y reprit l'exercice de ses fonctions qu'il continua jusques au 8 juillet 1818, époque de sa nomination à la place d'administrateur des contributions indirectes ; il devint ensuite directeur-général de la caisse d'amortissement, des dépôts et consignations, avec le titre de conseiller d'état en service extraordinaire. Il a été nommé, depuis la révolution de 1830, conseiller d'état en service ordinaire.

PASSY (Antoine), chevalier de la Légion-d'Honneur, ancien référendaire à la cour des comptes, membre de la chambre des députés ; il a été, pendant quelques années, l'un des rédacteurs du *National*, et le 5 août 1830, il devint préfet de l'Eure. Il donna sa démission dans le mois de mai 1837. Cette détermination paraît se rattacher à quelques motifs politiques, à en juger par sa proclamation d'adieux à ses administrés, où il dit : « Mes chers concitoyens, ce » n'est pas sans de vifs et profonds regrets que je vous » quitte. Il est pénible, sans doute, d'abandonner » tant de travaux entrepris et quelques amitiés honorables et persistantes. Ma seule ambition, vous le » savez, était de demeurer parmi vous ; ma seule » ambition serait d'y revenir. Mais il m'a fallu choisir » entre des convenances politiques et un devoir de » conscience : je n'ai pas hésité. »

M. l'ex-préfet de l'Eure siége à la chambre des députés et, comme son frère, ancien ministre, il est du tiers-parti.

PAULZE-D'IVOY, chevalier de la Légion-d'Honneur, était auditeur au conseil-d'état près la préfecture de police, sous le règne de Napoléon ; en

1814, il fut nommé maître des requêtes surnuméraire; le 19 janvier 1819, il devint préfet de l'Ardèche et maître des requêtes en service extraordinaire ; quoique bon administrateur, il fut remercié sous le ministère Villèle, le 2 janvier 1823, sur le motif, sans doute, qu'il avait obtenu sa place sous le ministère Decazes. Quelque temps après, il fut fait maître des requêtes en service ordinaire et attaché au comité de l'intérieur et du commerce. M. Paulze-d'Ivoy était maître des requêtes honoraire lorsque, le 3 août 1830, le lieutenant-général du royaume le nomma préfet du Rhône, où il fut remplacé dans le mois de mai 1831 par M. Bouvier-Dumolard. Le 3 avril 1833, il fut appelé à la préfecture de la Vendée.

PELET DE LA LOZÈRE (le comte Jean), pair de France, grand-officier de la Légion-d'Honneur, né à Saint-Jean-du-Gard le 23 février 1759, avocat au parlement d'Aix avant la révolution ; en 1790, il fut maire de son pays natal et, en 1791, président du département du Gard. En 1792, ce département le nomma député à la convention nationale ; immédiatement après l'ouverture de la session, il fut envoyé en mission, où il se trouvait encore lors du jugement de Louis XVI, et ne rentra dans le sein de la convention qu'après la mémorable journée du 9 thermidor. Président de la convention, lors de la séance orageuse du 12 germinal an III (1er avril 1795), il déploya dans cette circonstance une fermeté extraordinaire. Il fut ensuite nommé commissaire près l'armée de Catalogne, pour calmer des mouvemens insurrectionnels qui commençaient à s'y manifester et encore pour entrer en négociation avec l'Espagne ;

après avoir rempli dignement et avec succès cette double mission, il revint à Paris siéger avec ses collègues.

Il était sur le point d'aller à Lyon pour remplir une autre mission, lorsqu'il fut dénoncé comme un des chefs secrets de l'insurrection sectionnaire du 13 vendemiaire (5 octobre 1795); mais comme cette dénonciation n'était appuyée que sur des faits vagues et même imaginaires, enfantés par l'esprit de parti, M. Pelet, dont le patriotisme était éminemment connu, fut complétement justifié. Après la session conventionnelle, il fut élu, par soixante-onze départemens, député au conseil des cinq-cents : témoignage flatteur de l'estime publique sans exemple dans nos fastes parlementaires. Dans cette nouvelle assemblée, M. Pelet plaida avec chaleur en faveur de deux libertés sacrées : la liberté individuelle et la liberté de la presse.

Le 5 mars 1800, les consuls de la république lui conférèrent la préfecture du Vaucluse ; le 27 fructidor an X (14 septembre 1802), il fut nommé conseiller d'état et chargé de la direction du deuxième arrondissement de la police générale de France; il conserva ces fonctions jusqu'à la déchéance de Napoléon, époque à laquelle il rentra dans la vie privée. Il reparut sur la scène politique, en mars 1815, comme conseiller d'état, et signa, en cette qualité, la délibération du 25 du même mois ; vers la fin de juin suivant, il fut chargé par le gouvernement provisoire du portefeuille du ministère de la police générale. Rentré de nouveau dans la retraite, après le second retour du roi, il obtint de ce monarque une pension, et plus tard, le 5 mars 1819, il fut créé pair de

France et nommé grand-officier de la Légion-d'Honneur, lors du mariage du duc d'Orléans (mai 1837).

PELET (le baron Privas-Joseph-Claramont), pair de France, conseiller d'état, commandeur de la Légion-d'Honneur, fils du précédent, est né à Saint-Jean-du-Gard, le 12 juillet 1785. Il occupa successivement, sous le gouvernement impérial, les fonctions d'auditeur au conseil-d'état, de maître des requêtes en service ordinaire et d'administrateur-général des forêts de la couronne. En 1819, le 24 février, il fut nommé préfet de Loir-et-Cher, où il se distingua par une excellente administration jusqu'au 27 juin 1823, époque de son remplacement par M. de Saint-Luc. Membre de la chambre des députés depuis 1827, il a constamment siégé au centre gauche; on le compta au nombre des 221. Réélu député après la révolution de 1830, il devint ministériel. Le 22 février 1836, il obtint le portefeuille du ministère de l'instruction publique, où il fut remplacé par M. Guizot le 6 septembre de la même année. M. Pelet a été élevé à la dignité de pair, le 3 octobre 1837.

PELET (le comte Ernest de), chevalier de la Légion d'Honneur, frère puîné du précédent, a été successivement sous-préfet et conseiller de préfecture du Gard, sous la restauration. Le 10 août 1830, sous le règne de Louis-Philippe, il devint préfet de l'Ardèche. Le 12 novembre 1835, il fut appelé à une préfecture plus importante, celle de la Charente-Inférieure.

PELLENC (Gabriel), officier de la Légion-d'Honneur, fut auditeur au conseil d'état de l'empire et

chargé en cette qualité de plusieurs missions importantes à l'intérieur et à l'extérieur. Il resta attaché au
quartier général de Napoléon pendant toute la campagne de Russie et à l'intendance générale de l'armée, durant toute la campagne de 1813. Rentré à
Paris vers le commencement de 1814, il se battit
toute la journée du 30 mars sous les murs de la capitale comme volontaire. Dans les cent-jours, M.
Pellenc reprit sa place au conseil-d'état et fut décoré
de l'ordre de la Réunion. En juillet 1815, il rentra
dans la retraite d'où il ne sortit qu'à pareille époque,
en 1830, pour combattre avec les habitans de son
quartier les défenseurs du despotisme et du parjure.
Le 2 septembre de la même année, il fut nommé
sous-préfet de Saint-Pol d'où il fut appelé à la préfecture du Finistère, le 14 mai 1831. Il est préfet à
Grenoble (Isère), depuis le 12 mai 1832. M. Pellenc
est le filleul de M. Mirabeau, qui était l'ami intime de
son père. Il a publié plusieurs écrits sur les méthodes
perfectionnées de l'enseignement et sur le système
pénitentiaire de l'Amérique et de l'Allemagne.

PEPIN DE BELLISLE, chevalier de la Légion-d'Honneur, naquit en 1788, d'une famille noble et ancienne de la Bretagne ; après avoir reçu une excellente éducation, il entra dans la carrière administrative. Il occupa successivement les fonctions d'audit
teur au conseil-d'état, section de l'intérieur, et d'intendant de province en Espagne, sous le gouvernement
impérial ; en 1814, il fut nommé maître des requêtes
en service ordinaire ; il n'occupa aucun emploi durant les cent-jours. Le 14 juillet 1815, le gouvernement du roi lui confia la préfecture des Côtes-du-

Nord ; le 16 août 1816, il passa à celle de la Creuse, d'où il fut appelé à la préfecture de la Dordogne , le 26 juin 1817. Il demeura dans ce dernier département jusqu'au 19 janvier 1819 , époque à laquelle il passa à celui de la Sarthe ; le 2 août 1820 , il devint préfet de la Charente-Inférieure. Partout son administration sage et paternelle lui avait obtenu l'estime générale ; néanmoins cet administrateur probe et éclairé fut frappé de destitution, le 2 janvier 1823 , sous le ministère Villèle. M. Pepin est mort aux eaux Bonnes , dans le courant du mois de septembre de la même année, vivement regretté de ses nombreux amis et de tous ceux qui avaient le bonheur de le connaître. La France perdit un excellent citoyen. Son épouse fit transporter son corps à Paris , dans un cercueil de plomb.

PERIER (Camille), pair de France, officier de la Légion-d'Honneur, frère de l'ancien président du conseil des ministres, est né à Grenoble , le 15 août 1784. Il entra d'abord au conseil-d'état comme auditeur ; ensuite il devint préfet de la Corrèze. A la seconde restauration de Louis XVIII, il fut destitué et remplacé par M. Vaulchier.

Le 10 février 1819 , sous le ministère Decazes , M. Périer obtint la préfecture de la Meuse ; mais à l'avènement de M. de Villèle au pouvoir , il donna sa démission. En 1829 , il reparut sur la scène politique comme député de la Sarthe ; il siégea à la seconde section de gauche de la chambre et on le compta au nombre des 221 qui, à la session de 1830 , votèrent contre l'adresse. Lors des élections de 1834 , les électeurs indépendans de Mamers , ne trouvant

pas de garanties suffisantes dans le patriotisme de
M. Périer, leur mandataire, portèrent leurs suf-
frages sur M. Garnier-Pagès; néanmoins, un an après,
M. Périer rentra à la chambre des députés, grâce à
M. Persil et aux électeurs de l'arrondissement d'Ussel
(Corrèze).

Le 3 octobre 1837, il a été élevé à la dignité de
pair de France. Il est inutile de dire qu'elle a été la
conduite parlementaire de M. Camille Périer depuis
la révolution de 1830; mais quant à ses fonctions
administratives, soit dans la Corrèze, soit dans la
Meuse, nous pouvons affirmer qu'elles ont été remplies d'une manière à lui mériter des éloges et des
regrets.

PETIET (le baron), officier de la Légion-d'Honneur, fils de l'ancien ministre de la guerre de ce
nom, sous le gouvernement directorial, fut élève de
l'école polytechnique, d'où il sortit pour entrer dans
un corps d'artillerie en qualité d'officier; après avoir
servi quelques temps, il se retira pour cause de maladie et embrassa la carrière administrative. Il devint
successivement auditeur au conseil-d'état, commissaire-général des ports à Calais et intendant des
biens de la couronne, dans les départemens de la
Toscane, où il resta jusqu'en 1814. Le 6 avril 1815,
il obtint la préfecture des Hautes-Alpes; il fut destitué après la seconde rentrée des Bourbons.

On assure qu'il a été depuis attaché à la direction
générale des vivres de l'armée.

PETIT DE BEAUVERGER (le baron Auguste),
chevalier de la Légion-d'Honneur, né à Paris en 1787

(son père, ancien procureur au parlement , a été membre du conseil-général de la Seine et député au corps législatif sous le consulat et le gouvernement impérial); il fut nommé , en 1810 , auditeur au conseil-d'état et envoyé, en 1811, auprès du gouvernement d'Hambourg, en qualité de secrétaire-général; le 12 mars 1813 , il fut appelé à la préfecture de l'ancien département de l'Ems-Occidental (Hollande), et, par décret impérial du 10 décembre suivant, il devint préfet du département du Lot ; il conserva cette administration sous le gouvernement du roi en 1814 et pendant les cent-jours de 1815. Mais sa conduite énergique à cette dernière époque amena sa révocation à la seconde restauration. M. le baron Petit de Beauverger, doué d'une imagination ardente et de beaucoup de talens, était un très-bon administrateur. Depuis son départ de Cahors (août 1815), il s'est retiré à Paris, et le plus souvent à la campagne , uniquement occupé de l'exploitation de ses biens ruraux.

PETIT-PATEL , chevalier de la Légion-d'Honneur, débuta dans la carrière administrative par la sous-préfecture d'Oleron, immédiatement après la révolution de 1830. Le 30 juillet 1832, il passa à celle de Cambrai où il resta environ cinq ans. Il devint préfet de l'Ariège le 23 juillet 1837.

PIÉTRY (Corse), préfet du département du Golo depuis la création des préfectures (3 mars 1800) jusqu'en 1811, époque où l'Ile de Corse ne forma qu'un seul département.

PIEYRE (le baron Jean) , chevalier de la Légion-

d'Honneur, né à Nîmes en 1750, d'une famille protestante, était négociant avant la révolution; en 1790
il fut nommé administrateur central du Gard; ses
compatriotes le nommèrent, en 1791, député à l'assemblée législative, où il se fit peu remarquer. Après
la clôture de la session de cette assemblée (en septembre 1792), il revint à Nîmes et reprit ses fonctions
administratives qu'il continua jusqu'au renversement
du directoire.

A la création des préfectures, cet ancien administrateur obtint celle du département de Lot-et-Garonne; le 21 mars 1806, il devint préfet du Loiret,
où il resta jusqu'aux événemens de 1814. A cette époque, il fut vivement calomnié par les royalistes du
pays et, après avoir remis sa préfecture à M. le baron
de Talleyrand, son successeur, il rentra à Nîmes;
mais il y resta peu de temps, ayant été contraint d'en
sortir par suite des dissentions politiques et religieu-
ses qui régnaient dans cette ville. Il habite Paris, où
il est considéré et estimé.

PLANCY (le comte Adrien-Godard-d'Aucou), chevalier de la Légion-d'Honneur, gendre de l'ex-trésorier
de l'empire, fut d'abord sous-préfet de Soissons et,
le 14 floréal an XIII (4 mai 1805), il devint préfet du
département de la Doire; le 30 mai 1808, il passa à
la préfecture de la Nièvre et, le 30 novembre 1810,
il quitta cette préfecture pour aller administrer celle
de Seine-et-Marne, où il fut remplacé après la seconde
rentrée du roi, le 14 juillet 1815, par M. le comte
Germain. M. de Plancy est un des préfets qui ont le
plus honoré par leur conduite la carrière administrative.

Depuis l'époque de sa disgrace, il vit retiré dans sa terre de Sellières, près Troyes, où il s'occupe de diverses branches d'économies rurales. Il est membre du conseil-général de l'Aube, son pays natal.

PLANELLI-DE-LAVALETTE (le marquis Charles-Joseph-Laurent-Marie de), chevalier de Saint-Louis et de la Légion-d'Honneur, né à Grenoble le 30 avril 1763; il n'a paru sur la scène politique qu'après la seconde restauration, comme inspecteur-général des gardes nationales du département de l'Isère et comme membre de la chambre des députés.

En 1820, il fut nommé maire de sa ville natale; le 7 avril 1824, il devint préfet du Gard; il ne fut pas heureux dans cette préfecture. A peine arrivé à Nîmes, ce magistrat vit recommencer les insurrections catholiques. M. le marquis, que nous croyons un ancien émigré, n'opposa qu'une bien faible résistance à cette nouvelle réaction. Le ministère Martignac jugeant à propos de lui donner un successeur plus actif et plus ferme, il fut admis à faire valoir ses droits à la retraite, par ordonnance royale du 12 novembre 1828.

Comme député, pendant quinze années, il siégea constamment au côté droit, sans toutefois s'être fait remarquer que par ses votes ministériels. Dans la session de 1830, il vota contre l'adresse. Il a obtenu une pension de 5,000 francs, inscrite au trésor royal, le 25 mai 1830.

POITEVIN-DE-MEYSSEMY (le baron Charles), né à Tirlemont, le 14 mars 1752, était pourvu d'une charge de maître des requêtes avant la révolution; il devint ensuite administrateur central de la Dyle. Le 3 mars 1800, il fut nommé préfet du Pas-de-Calais ; il passa au Mont-Blanc, le 21 ventôse an 11 (12 mars 1803) et, le 30 novembre 1810, à la préfecture de la Somme. Il fut remplacé, le 25 mars 1813, par M. le marquis de Latour-Dupin : on attribue sa disgrace à une fausse mesure administrative.

Rentrée dans l'intérieur de sa famille, il s'occupa avec zèle de l'éducation des mérinos.

POMMEREUL (le baron François-René-Jean de), officier de la Légion-d'Honneur, naquit à Fougères, le 11 décembre 1745, d'une famille noble et ancienne ; il était capitaine d'artillerie au commencement de la révolution ; il en adopta les principes avec modération. Il continua de servir dans les armées républicaines, et parvint successivement au grade de général de division d'artillerie.

Retiré du service vers la fin de 1799, il fut nommé, le 30 novembre 1800, préfet d'Indre-et-Loire ; mais de sérieuses contestations s'étant élevées entre ce magistrat et le conseil-général de ce département, cette mésintelligence amena son changement et, par décret impérial, en date du 16 frimaire an 14 (7 décembre 1805), rendu au quartier-général-impérial d'Austerlitz, il fut appelé à la préfecture du Nord.

Le 30 novembre 1810, il fut nommé conseiller d'état en service ordinaire et, en janvier 1811, il devint directeur-général de l'imprimerie et de la librairie.

Ce fut dans cette place que cet ancien général républicain se montra l'ennemi le plus acharné contre la liberté de la presse et de la pensée ; il fit les plus grands efforts pour les enchaîner toutes deux. Il n'exerç aucun emploi sous le gouvernement des Bourbons en 1814. Pendant les cent-jours, il reprit ses fonctions de conseiller d'état, et fut envoyé dans les départemens du Bas et Haut-Rhin, en qualité de commissaire-extraordinaire de l'Empereur. Après la seconde rentrée des Bourbons, il fut compris dans l'ordonnance royale du 24 juillet 1815 ; contraint de s'expatrier, il se réfugia à Bruxelles, où il tomba malade dès son arrivée ; mais à peine sa santé fut-elle rétablie, qu'il reçut l'ordre de sortir, non-seulement de cette ville, mais encore du royaume des Pays-Bas ; il se rendit en Allemagne.

Rentré en France en 1819, il se retira dans une petite maison du Faubourg-du-Temple, à Paris, et sur la porte intérieure de laquelle il fit inscrire ces vers de sa composition :

> « Loin du monde et du bruit, ce modeste ermitage
> » Offrant tout au besoin, rien à la vanité,
> » Peut mériter un jour, par sa simplicité,
> » L'honneur de devenir la retraite d'un sage.

Il mourut le 5 janvier 1823. M. de Pommereul a laissé un grand nombre d'ouvrages sur divers sujets d'histoire et d'administration.

Napoléon, qui se connaissait en hommes et qui n'avait pas besoin d'emprunter les lumières d'autrui pour juger ou approfondir un caractère, disait de M. de Pommereul : « Je peux compter sur lui ; si je lui com- » mandais d'écorcher son père tout vif, il ne deman- » derait pour obéir que le temps de prendre son » couteau (*). »

(*) Mémoires d'une femme de qualité.

POMPEI (N), chevalier de la Légion-d'Honneur, né en Corse, proche parent du général Sébastiani, ambassadeur à Londres, était sous-préfet dans son pays depuis quelques années, lorsque, le 5 août 1830, il fut nommé préfet de l'Yonne. Il passa à la préfecture d'Eure-et-Loir, le 22 juillet 1833, d'où il fut appelé à celle de Tarn-et-Garonne, le 21 septembre 1834. Il a été révoqué le 12 novembre 1835.

PONCET DE LACOUR (Antoine-François), commandeur de la Légion-d'Honneur, maréchal-de-camp en retraite, est né à Châlons-sur-Saône en septembre 1750; il entra fort jeune au service militaire et était lieutenant-colonel au commencement de la révolution. En 1792, il fut fait général de brigade; c'est en cette qualité qu'il se couvrit de gloire, en 1797, en s'emparant, à la tête d'une brigade d'infanterie, de Kayserslautern. Quelque temps après, cet officier général fut mis au traitement de réforme.

Le 3 mars 1800, il fut nommé préfet du Jura et se distingua dans ce département par une administration laborieuse et éclairée. En 1809, il abandonna la carrière administrative pour reprendre celle des armes; il passa au commandement de la place de Lyon, où il resta jusqu'après la déchéance de Napoléon, en 1814; il commanda le département de la Somme pendant les cent-jours de 1815 et, vers la fin de juin, il fut chargé de la direction des fortifications de Paris; il suivit ensuite l'armée française au-delà de la Loire, et fut mis à la retraite en septembre 1816.

PONS DE L'HÉRAULT (André), chevalier de la

Légion-d'Honneur, né à Cette, en 1773 ; ses parens le destinaient à l'état ecclésiastique ; mais, éprouvant une répugnance invincible pour la contrainte et les études de la théologie, il quitta de bonne heure le toit paternel et entra dans la marine ; il devint officier en peu de temps. Il se prononça avec toute l'ardeur de son âge en faveur des principes révolutionnaires de 1789 ; il fut nommé, en 1793, commissaire près l'armée de Toulon, et bientôt après commandaut des côtes de Bandols. M. Pons de l'Hérault se signala dans ce poste par une belle action : Il sauva la vie à trente-deux habitans de ce pays, accusés de fédéralisme et de connivence avec les Anglais. Cette action lui valut de la part des citoyens de Bandols une couronne civique qui lui fût decernée avec la plus grande solennité. Il n'avait alors que 20 ans.

Immédiatement après la prise de Toulon, il revint dans son pays natal, où il reçut une mission importante auprès de la convention nationale touchant les intérêts de ses concitoyens. Après avoir subi un emprisonnement qui dura près de six mois, pendant le règne de la terreur, il s'embarqua en qualité de capitaine d'un vaisseau marchand qui fut capturé par les Anglais. De retour en France, il fut nommé commandant d'un bâtiment de l'état, avec lequel il se rendit à Toulon, où il devint chef d'état-major de la division navale attachée à l'armée d'Italie. Nommé ensuite capitaine de frégate, il rendit d'éminens services au commerce de Gênes, pendant le siège de cette place. Après le renversement du directoire, M. Pons donna sa démission et se livra au commerce pendant quelques années. L'empereur Napoléon, qui n'avait pas perdu de vue le jeune commandant de

Bandols , lui confia l'administration générale des
mines de l'Ile-d'Elbe , où il était encore en 1814.
Napoléon débarqué dans cette île le 3 mai, accorda
à M. Pons la plus grande confiance, et l'amena avec
lui lors des événemens de mars 1815 ; le 17 mai suivant, il devint préfet du Rhône. L'empereur, en le
nommant, écrivit aux Lyonnais : « Je vous donne un
» de mes amis; vous en serez contens. » Effectivement ce magistrat sut, par son administration sage et
éclairée et par son aimable urbanité, s'attirer l'estime
et l'affection des habitans de cette grande cité. Remplacé dans ses fonctions après le second retour du
roi, il revint à l'Ile-d'Elbe , où il avait laissé son
épouse et ses enfans.

Arrivé dans cette île, M. Pons fut aussitôt, au mépris du droit des gens, arraché du sein de sa famille
et conduit en Autriche, où il eut à souffrir tous les
maux de l'exil pendant six ans. Les passions politiques s'étant un peu calmées, M. Pons obtint de rentrer dans sa patrie et y vecut complètement ignoré.
Après la révolution de 1830, il reparut un moment
comme préfet dans les fonctions publiques du Jura.
Sa courte administration dans ce département y donna
lieu à de vifs regrets à l'époque de sa brusque destitution, qui fut, dit-on , motivée par l'envoi d'une
circulaire électorale qu'il adressa aux électeurs de ce
pays ; on y remarque le passage suivant : « Vous re-
» pousserez de l'urne électorale ces hommes mal-
» léables qui, sans cesse courbés sous le pouvoir, ont
» encensé et trompé tous les pouvoirs qui ont l'ha-
» bitude d'examiner dans les yeux de l'autorité s'ils
» doivent parler ou se taire ; qui usent bien plus les
» lambris des salons que les marches de la tribune ,

» qui n'ont de volonté que la volonté d'autrui. »

POUGEART DU LIMBERT (le baron François), ancien membre de l'assemblée constituante et du conseil des anciens, où il se fit peu remarquer. Il devint préfet de la Haute-Vienne, le 3 mars 1800; ayant été appelé au tribunat, il fut remplacé dans sa préfecture le 18 ventose an X (9 mars 1802). Le 7 octobre 1807, il fut nommé préfet de l'Allier; il perdit cette préfecture après les événemens de 1814, la recouvra après le 20 mars 1815, et la perdit de nouveau à la seconde restauration.

Il est mort à Limoges, où il vivait dans la retraite, le 18 mars 1837, à l'âge de 85 ans.

POIFERÉ DE CÈRE (le baron Jean-Marie), officier de la Légion-d'Honneur, né à Mont-de-Marsan, le 1er juillet 1768; servit pendant quelques années dans les armées républicaines, en qualité d'officier du génie; il s'adonna ensuite à l'agriculture et à l'étude spéciale de l'économie des mérinos; il fit à à cet effet un voyage en Espagne. En 1806, il fut mis à la tête d'une bergerie impériale; en 1811, il entra au corps législatif, où il adhéra à la déchéance de Napoléon.

Le 3 mars 1815, le roi lui conféra le titre de baron; le 4 juin 1817, il devint préfet des Deux-Sevres : le ministère de Villèle lui donna un successeur, le 26 juin 1822. Sa disgrace ne fut pas complète; on lui confia les fonctions de maître des requêtes en service ordinaire, qu'il a exercées jusqu'au mois de mai 1830, ayant été destitué à cette époque, pour avoir voté, comme député, en faveur de l'adresse. Il est aujourd'hui conseiller-d'état honoraire et membre du conseil-général des Landes.

PREISSAC (le comte François-Jean de), pair de France, grand-officier de la Légion-d'Honneur, est né à Montauban, d'une ancienne famille protestante, le 22 septembre 1772. Il entra fort jeune au service militaire et, au moment de son émigration vers la fin de 1792, il était aide-de-camp du général Biron. Rentré en France sous le consulat, M. de Preissac a commandé la garde nationale de Montauban durant tout le cours du règne de Napoléon.

En 1814, il reçut la décoration de la Légion-d'Honneur et, en 1815, il fut nommé membre de la chambre des députés. A cette époque, il était à la tête d'un bataillon de volontaires royaux de Tarn-et-Garonne appelé aux frontières des Pyrénées pour s'opposer à l'invasion que le général espagnol Odonnel, comte de Labisbal, était sur le point de faire sur notre territoire. Il devint ensuite maréchal-de-camp des gardes nationales de son département.

Le 12 novembre 1828, le ministère Martignac l'appela à la préfecture du Gers; mais, à l'avènement du ministère Polignac (8 août 1829), il s'empressa de donner sa démission et, comme député, il se prononça contre le système politique suivi par ce ministère, en votant pour l'adresse.

Réélu député aux élections générales de juin 1830, sa nomination fut marquée par une scène séditieuse que le parti ultra-royaliste de Montauban avait fomentée, et dont M. de Preissac aurait été infailliblement victime s'il n'eût quitté la ville. Le 7 août 1830, sous la lieutenance-générale du royaume, il devint

préfet de la Gironde, et le 12 octobre 1832 , pair de
France. Plus tard , le 21 janvier 1833 , il fut remplacé
dans sa préfecture et appelé à celle du Pas-de-Calais,
qu'il n'accepta point. Le 13 juillet 1836 , il fut rétabli
dans les fonctions de préfet à Bordeaux ; mais il en
a été dépouillé de nouveau le 20 octobre 1838 , en
lui conférant toutefois le cordon de grand-officier de
la Légion-d'Honneur. M. de Preissac vient d'être no-
blement vengé de sa disgrace. Une adresse a été spon-
tanément rédigée, revêtue de nombreuses signatures ,
parmi lesquelles figurent des fonctionnaires , des né-
gocians , des magistrats municipaux et des députés.
Elle lui a été envoyée après son départ de Bordeaux.
Nos lecteurs nous sauront gré de mettre sous leurs
yeux la copie littérale de cette adresse , dont voici la
teneur :

   « Monsieur le comte , au moment où vos rapports
» administratifs avec le département de la Gironde
» vont cesser de la manière la plus imprévue, il est
» du devoir d'une population à laquelle vous vous étiez
» dévoué, de vous offrir un dernier et solennel té-
» moignage de son affection et de sa reconnaissance.
   » L'immortelle révolution de juillet vous avait amené
» au milieu de nous. Accueilli comme un des plus
» fermes soutiens de la liberté de la presse et de la
» liberté de conscience par une population qui, elle
» aussi, a donné des défenseurs à toutes les libertés,
» vous aviez su allier avec un rare succès vos devoirs
» de mandataire du roi et de votre sympathie pour
» nos intérêts. Depuis cette glorieuse époque, le bien
» qui s'est accompli parmi nous a été surtout votre
» ouvrage; malgré une interruption de rapports qui
» fut déplorée des deux côtés, les plus importantes

» améliorations que nous devons à la révolution de
» 1830 se rattachent à votre nom , et les améliora-
» tions futures que vous avez préparées s'y rattache-
» ront encore.

» Dans une occasion récente , vous étiez salué du
» nom de *Préfet Bordelais* par la seconde administra-
» tion municipale que vous avez réussi à former pour
» notre grande cité , et nos acclamations unanimes
» vous confirmaient ce titre.

» En respectant la décision royale qui vous éloigne
» de nous, la population de la Gironde voit avec
» douleur une séparation que rien ne présageait. L'é-
» clat de vos services publics et l'intelligence parfaite
» que vous montriez de nos intérêts moraux et ma-
» tériels justifiaient le choix du gouvernement dont
» vous étiez l'organe ; tandis que la confiance dont
» nous avions donné tant de preuves , et qui , dans
» les momens les plus critiques, rendit l'exercice de
» votre autorité plus efficace et plus facile, semblait
» garantir aussi la durée de votre administration.

» Vous nous quittez, Monsieur le comte , et nous
» ne pouvons que nous en remettre à la sagesse du
» roi, pour retrouver en vos successeurs les qualités
» et les talens qui vous distinguaient. Heureux si,
» comme vous , ils ne cherchent que dans le seul té-
» moignage de leur conscience la plus belle récom-
» pense du bien qu'ils auront fait !

» Mais vous emporterez du moins l'estime de toutes
» les classes de notre population. Il n'y a plus de
» partis dès qu'il s'agit de vous, Monsieur le comte,
» et les opinions se confondent dans un témoignage
» universel de regrets.

» Nous comptons de votre part sur une égale affec-

» tion , car les souvenirs de votre administration ne
» vous offriront rien que de consolant et de glorieux.
» Ce sera peut-être pour vous un dédommagement,
» jusqu'au jour où vos services pourront encore être
» utiles, de penser que vous n'aurez laissé dans la
» Gironde que des concitoyens et des amis.

   » Nous sommes avec respect, Monsieur le comte ,
» vos très-humbles et très-dévoués serviteurs. »

(Suivent les signatures.)

D'après ce document nous n'avons pas besoin de décrire la nature de l'impression que l'ordonnance royale du 20 octobre 1838 a causée dans le département de la Gironde.

M. de Preissac , dans ses fonctions administratives, s'est montré toujours ferme et dévoué aux intérêts des départemens dont l'administration lui a été confiée.

Comme député, il a constamment combattu le pouvoir toutes les fois que celui-ci s'est écarté de la voie constitutionnelle tracée par nos institutions.

PRIEUR-LACOMBE (Eusèbe), entra dans la carrière administrative, le 10 août 1830, comme sous-préfet de Commercy (Meuse); le 27 juillet 1832, il devint préfet du Var et mourut à Draguignan , le 20 novembre suivant.

PROUVEUR (le baron Auguste-Antoine-Joseph), chevalier de la Légion-d'Honneur, né à Valenciennes en 1759; il était juge au tribunal de cette ville, lorsque, en 1791, il fut nommé député à l'assemblée législative; il s'y montra partisan de la monarchie. Retiré dans le sein de sa famille après la session de cette assemblée, il n'occupa aucune fonction publique durant tout le cours de la révolution.

Après la chute du directoire, le 18 floréal an VIII (8 mai 1800), les consuls lui donnèrent la sous-préfecture de Cambrai ; le 23 germinal an XII (13 avril 1804), il devint préfet de l'Audre et, quelque temps après, il fut créé baron de l'empire. Il rentra dans la vie privée en 1814. Dans toute son administration, il agit en père et fut aimé de ses administrés, qui conservent encore le souvenir du bien qu'il leur a fait. M. Prouveur accepta, dans les cent-jours, la préfecture de la Vienne. Il cessa d'être employé après le second retour du roi.

PUYMAIGRE (le comte de), fut du nombre des gentilshommes qui, au commencement de la révolution, passèrent au-delà du Rhin et qui portèrent les armes contre leur mère-patrie. Rentré en France (nous ne pouvons préciser l'époque), ce héros de Coblentz resta inconnu pendant long-temps ; le parti ultra-royaliste le lança dans la carrière législative, et plus tard, le 19 juillet 1820, il obtint la préfecture du Haut-Rhin, d'où il passa, le 1er septembre 1824, à la préfecture de l'Oise. Le 3 mars 1828, il fut transféré à celle de Saone-et-Loire ; mais la révolution de 1830 vint mettre fin à sa carrière administrative. Il était gentilhomme honoraire de la chambre du roi depuis le 31 décembre 1826. M. le comte s'est retiré à sa campagne dans le département de la Moselle.

PUYSSEGUR (le comte Charles de), chevalier de Saint-Louis et de la Légion-d'Honneur, fut nommé, en 1814, sous-préfet de Gaillac, et ensuite de Castres ;

le 8 janvier 1823, il obtint la préfecture des Landes, d'où il passa successivement, en 1828, à celles de la Dordogne et de Tarn-et-Garonne. Il se trouve sans emploi depuis la chute de Charles X, et est retiré à Gaillac.

Q

QUINETTE (le baron Nicolas-Marie de Richemont), officier de la Légion-d'Honneur, né à Paris en 1762, était notaire à Soissons avant la révolution. Il fut nommé, en 1790, administrateur central du département de l'Aisne. En 1791, il fut élu par ce département député à l'assemblée législative, où il se montra sincèrement dévoué à la cause de la liberté. En septembre 1792, il fut réélu député à la convention nationale; il vota la mort de Louis XVI sans appel et sans sursis, entra ensuite au comité de salut public et, en avril 1793, il fut envoyé à l'armée du Nord avec Lamarque, etc., pour arrêter le général Dumouriez. Rentré en France, il prit place au conseil des cinq-cents, où il fut porté en triomphe jusqu'au fauteuil du président. Il sortit de cette assemblée en 1797, et ne prit aucune part à la journée du 18 fructidor.

M. Quinette fut nommé ministre de l'intérieur peu de temps avant la chute du directoire; mais le gouvernement consulaire lui retira son portefeuille pour le donner à Lucien Bonaparte, et le nomma préfet de la Somme. Il administra ce département jusqu'au mois d'octobre 1810, époque où il devint directeur-général de la comptabilité des communes et des hopitaux. Il cessa ses fonctions en 1814, sous le gouvernement du

roi, et reparut sur la scène politique, dans les cent-
jours, comme pair de l'empire, commissaire extraordinaire de l'empereur Napoléon dans les quatorzième
et quinzième divisions militaires, et enfin comme
membre du gouvernement provisoire.

Après la seconde rentrée des Bourbons, il fut compris dans la loi d'exil du 12 janvier 1815, et fut chercher un asile à Philadelphie, où il resta deux ans; il
se rendit ensuite dans le royaume des Pays-Bas, et
mourut à Bruxelles, le 14 juin 1821, d'une attaque
d'apoplexie foudroyante.

R

RAMBUTEAU (Claude-Philibert, comte de), pair de
France, conseiller d'état, officier de la Légion-d'Honneur, né à Mâcon le 15 novembre 1781, fut présenté
à l'empereur Napoléon, en 1810, comme président
d'une députation du corps électoral de Saône-et-Loire,
pour complimenter ce monarque sur ses victoires et
sur la paix de Vienne, qui en avait été le résultat.
Cette mission fut un commencement de fortune pour
M. de Rambuteau : il devint chambellan à la cour
impériale, et bientôt après préfet du département
du Simplon.

Rentré en France avec l'armée, vers le commencement de 1814, il fut appelé à la préfecture de la
Loire qu'il administra jusqu'après la déchéance de
Napoléon. Dès lors M. le comte, ayant perdu sa place
de chambellan et sa préfecture, rentra à Mâcon, son
pays natal, dans la classe des simples citoyens; mais,
en avril 1815, l'empereur Napoléon l'appela successivement aux préfectures de l'Aude et de Tarn-et-

Garonne. Le retour du roi ne tarda pas à le faire rentrer de nouveau dans la vie privée.

Membre de la chambre des députés depuis quelques années, M. l'ex-chambellan impérial siégeait au centre gauche ; il votait, sous la branche aînée des Bourbons, avec l'opposition libérale. Mais, depuis la révolution de 1830, il a voté pour tous les projets ministériels.

Le 22 juin 1833, il a été nommé préfet de la Seine, en remplacement de M. de Bondy, et, le 24 septembre suivant, conseiller-d'état en service extraordinaire, avec autorisation de participer aux délibérations du conseil et aux travaux du comité.

M. le comte de Rambuteau a été promu à la dignité de pair le 12 septembre 1835.

RAMEL-NOGARET (Denis-Vincent), avocat du roi avant la révolution, fut élu député du tiers-état de la sénéchaussée de Carcassonne aux états-généraux, en 1789 ; durant le cours de la session de cette assemblée qui prit le nom de Constituante, ce député s'occupa principalement de finances ; il fut l'un des opposans à l'ancienne démarcation des provinces. En septembre 1790, il fut réélu par le département de l'Aude député à l'assemblée législative ; dans le mois de juin 1791, il fut envoyé en mission dans le département du Finistère, menacé de troubles sérieux à propos de l'évasion du roi. De retour dans le sein de l'assemblée nationale, M. Ramel en fut nommé l'un des secrétaires.

Devenu encore par les suffrages de ses concitoyens député à la convention nationale, il y vota la mort de Louis XVI. « Louis est convaincu de conspiration » contre la liberté. Dans tous les temps un pareil

» crime mérita la mort; je la prononce (*). » Il
opina pour l'appel au peuple et rejeta le sursis. Il fut
ensuite envoyé, en qualité de commissaire de la convention, dans la Hollande. Après la session conventionnelle, il entra au conseil des cinq-cents et, le
14 février 1796, il fut nommé ministre des finances;
il conserva ce portefeuille jusqu'au 20 juillet 1799,
et montra dans ce poste éminent une haute capacité
financière. Après la chute du directoire, M. Ramel
rentra dans la vie privée et on ne sait par quel motif
cet ancien législateur n'a point été employé sous le
consulat et sous le gouvernement impérial. Ce n'est
que dans les cent-jours qu'il parut un moment sur la
scène politique, comme préfet du Calvados ; il fut
entièrement éloigné des affaires après la seconde
abdication de l'empereur Napoléon.

Frappé par la loi contre les régicides, il fut contraint de s'expatrier en 1816, et se réfugia à Bruxelles,
où il fut admis, en qualité d'avocat, à la cour supé-
rieure de justice; il y mourut le 31 mars 1829.

M. Ramel-Nogaret avait établi plusieurs manufac-
tures dans cette ville.

RAMOND DE CARBONIÈRES (le baron Louis-
François-Elisabeth), membre de l'Académie royale
des sciences, commandant de la Legion-d'Honneur,
gendre de M. Dacier, ancien secrétaire perpétuel de
l'Institut, naquit à Strasbourg en 1755, entra en 1789
dans la gendarmerie de la maison du roi. Elu député
à l'assemblée législative, en septembre 1790, il s'y
montra fortement attaché aux principes constitution-

(*) *Moniteur*, année 1793.

nels et se tint constamment éloigné de toutes les fac-
tions ; il parla souvent en faveur des prêtres inser-
mentés. En juin 1792, il défendit avec chaleur le
général Lafayette dénoncé par le représentant Las-
source et, le 10 août suivant, il vota contre la déchéance du roi.

Immédiatement après cette journée, M. Ramond
ne reparut plus à l'assemblée et se retira dans les
Pyrénées, où il se livra à l'étude des sciences natu-
relles. C'est là, sur les hautes cimes de cette chaîne
de montagnes, qu'il se montra tout à la fois géologue,
botaniste et physicien. En 1793, il ne fut pas à l'abri
des persécutions ; il fut détenu comme suspect de
modérantisme. Après la mort de Robespierre, en
1794, il obtint la chaire d'histoire naturelle à l'école
centrale de Tarbes.

Le 3 mars 1800, il devint préfet des Hautes-Pyrénées et, en 1802, il entra au corps législatif, où
il siégea pendant quatre années. Le 11 mars 1806, il
fut appelé à la préfecture du Puy-de-Dôme,

C'est en administrant ce département, et sans que
ses fonctions fussent négligées, que M. Ramond a fait
les travaux géologiques les plus remarquables et les
plus précis. Il prouva que le genie, les connaissances
et l'application si nécessaires à la culture des sciences
donnent précisément les moyens d'y associer avec
plus de facilité et plus de succès peut-être des travaux
qui, dans un autre genre, exigent les mêmes qualités
de l'esprit.

Il cessa ses fonctions de préfet après la déchéance
de Napoléon. Il parut à la chambre des représentans
pendant les cent-jours, mais il ne s'y fit point remarquer. En août 1815, il entra au conseil d'état, en

qualité de maître des requêtes en service ordinaire et devint conseiller d'état en 1818. Il mourut à Paris le 14 mai 1827. M. le baron Ramond était membre de l'Académie des sciences depuis 1802.

REIGNIER DUC DE MASSA (Silvestre), pair de France, officier de la Légion-d'Honneur , fils de l'ancien grand-juge du gouvernement impérial, né à Blamont, département de la Meurthe. Il fit la campagne d'Egypte en qualité de commissaire des guerres ; plus tard, sous les auspices de son père, il devint successivement auditeur au conseil-d'état, sous-préfet de Château-Salins, secrétaire-général du sceau des titres, et enfin préfet de l'Oise.

Il resta sans emploi pendant les cent-jours ; après la seconde rentrée du roi, il fut nommé préfet du Cher; mais il administra ce département très-peu de temps, ayant été élevé à la pairie le 10 juillet 1816, en remplacement de son père, décédé. Il hérita aussi du titre de duc de Massa, dont son père était revêtu depuis 1809.

REMUSAT (le comte Auguste-Laurent de), officier de la Légion-d'Honneur, décoré de plusieurs ordres étrangers, issu d'une ancienne famille de Provence, naquit en 1762. Il était avocat-général à la cour des comptes d'Aix avant la révolution ; il n'occupa aucun emploi public durant tout le cours de la révolution.

Napoléon se ressouvint, à l'organisation de sa cour impériale, de quelques services que cet ancien avocat-général avait rendus à sa famille lorsqu'elle habitait la Provence, et voulant lui donner un témoignage de reconnaissance, S. M. le nomma son premier cham-

bellan et surintendant des spectacles. Il perdit ces
fonctions par suite de la déchéance de ce monarque ;
mais après la seconde rentrée du roi , il devint préfet
de la Haute-Garonne. Le 3 août 1816, jour où un ef-
froyable incendie consuma la manufacture royale de
Toulouse , M. de Remusat , qui des premiers s'était
rendu sur le théâtre de l'incendie, se fit remarquer
par un grand sang-froid. Il était occupé à diriger une
pompe dans une partie que le feu pressait avec rapidité. On vint l'avertir de se retirer promptement parce
que le toit qui s'embrâsait et le canal de plomb qui
fondait allaient tomber sur lui et l'écraser. Ce magistrat répondit sans s'émouvoir : « D'autres ont couru
» de plus grands dangers et ils n'ont pas cessé de
» travailler. » Il continua de donner ses ordres. Il
passa à la préfecture du Nord, le 5 février 1817, et
fut remplacé, le 9 janvier 1822, sous le ministère
Villèle. M. de Remusat se retira à Paris, où il mourut,
le 17 mai 1823, à la suite de l'amputation d'une
grosse loupe qu'il avait sous le bras gauche.

M. de Remusat se montra toujours poli, sincère,
amateur éclairé des arts et plein d'une estime bien-
veillante pour ceux qui les cultivent.

RENAULDON (N), officier de la Légion-d'Honneur,
était conseiller de préfecture à Grenoble, lorsque le
gouvernement de Louis-Philippe le nomma préfet du
Haut-Rhin, le 22 juin 1831. Il était là depuis deux
ans , quand parut l'ordonnance royale du 14 juillet
1833, qui lui annonça sa nomination à la préfecture
de l'Aisne ; le 20 octobre 1838 , il a été appelé à celle
de la Haute-Vienne.

REYNAUD (N), chevalier de la Légion-d'Honneur, ancien secrétaire d'ambassade sous le gouvernement impérial, fut nommé préfet des Hautes-Alpes, le 2 août 1830, et destitué le 14 juillet 1833.

RICARD-DE-SÉALT, avocat à Toulon, berceau de de sa naissance, avant la révolution; il fut ensuite membre de la constituante. Rentré dans son pays après la session de cette assemblée, il y exerça paisiblement sa noble profession jusqu'à la chute du gouvernement directorial. Le 3 mars 1800, il obtint la préfecture de l'Isère; il se signala dans son administration par une vive opposition aux prétentions excessives du clergé de ce pays. Il est mort en fonctions, le 12 février 1802, d'une hydropisie de poitrine. La perte de ce magistrat fut vivement sentie par ses administrés, qui honorent encore sa mémoire.

RICCÉ (le comte Gabriel-Marc de), officier de la Légion-d'Honneur, naquit à Bagé-la-Ville (Ain), le 15 juillet 1758. Il embrassa fort jeune la carrière militaire, et fit les campagnes d'Amérique sous les ordres du général Lafayette. Rentré en France, il continua de servir dans les armées françaises jusques vers la fin de 1792, époque à laquelle il émigra. Il revint dans sa patrie sous le consulat, et traversa inaperçu ce gouvernement et le gouvernement impérial. En 1814, il obtint du roi la préfecture de l'Orne, qu'il perdit au retour de Napoléon, en mars 1815; mais il la recouvra immédiatement après la rentrée du roi, dans le mois de juillet suivant. Le 6 août 1817, il passa à la préfecture de la Meuse et, le 14 février 1819, il fut appelé à celle du Loiret, qu'il administra avec sagesse, habileté et intégrité, jusqu'au 29 mai 1830, époque de sa destitution par le ministère Polignac.

Le département du Loiret doit à M. de Riccé plusieurs routes départementales et particulièrement celle d'Orléans à Montargis, et de cette dernière ville à Joigny, qui unit l'Orléanais à la Bourgogne et donne au commerce d'échanges de vins et de denrées coloniales, un débouché plus facile et plus abondant.

Après la chute de Charles X, il fut rappelé à sa préfecture ; mais il la perdit de nouveau vers la fin de 1831, et obtint à cette époque une pension de retraite.

On attribue la destitution de M. Riccé au refus qu'il aurait fait de livrer à M. Casimir Périer l'original d'une lettre écrite à ce préfet par M. de Cormenin. M. de Riccé aurait, dit-on, répondu à la demande du président du conseil : « Brûlée ou non, je ne puis livrer » cette lettre : en le faisant, je manquerais à l'hon- » neur. » Le courrier suivant lui apporta sa vévocation. Il est mort vers la fin de novembre 1832, frappé d'une attaque d'apoplexie foudroyante.

RICHARD (le baron Joseph-Charles), officier de la Légion-d'Honneur, naquit à La Flèche en 1761. Il était homme de loi et procureur-syndic de sa commune au commencement de la révolution. En 1791, il entra à l'assemblée législative et, un an après, il fut réélu à la convention nationale, où il vota la mort de Louis XVI en ces termes : « Louis est convaincu » d'avoir conspiré : toutes les considérations dispa- » raissent devant la justice. Je vote pour la mort. (*). » Il se prononça contre l'appel au peuple et contre le

(*) *Moniteur,* année 1793.

sursis. Il fut ensuite envoyé en mission dans plusieurs départemens et aux armées. Durant le cours de ces missions, ce conventionnel se distingua par beaucoup de prudence et une grande modération. Après la session, il entra au conseil des cinq-cents et en sortit en 1797.

Le 5 mars 1800, il fut nommé préfet de la Haute-Garonne et, le 12 juillet 1806, il passa à la préfecture de la Charente-Inférieure, où il fut remplacé par M. Darboud-Jouques, le 22 août 1814, et resta sans emploi jusqu'au 6 avril 1815, époque à laquelle il fut nommé à la préfecture du Calvados; mais il ne fit qu'y paraître, un décret impérial du 20 mai suivant lui donna pour successeur M. Ramel-Nogaret. Dès lors M. Richard se traîna sur le passage de l'empereur Napoléon pour tâcher de rentrer en faveur : au champ-de-mai et durant la cérémonie qui eut lieu immédiatement à la galerie du Louvre, on le vit se ranger au milieu des électeurs de la Haute-Garonne, dans l'espérance d'obtenir de sa majesté impériale quelques mots de bienveillance. Trompé dans son attente, M. le baron de l'empire se trouvait sur le pavé de Paris lors de la création du gouvernement provisoire, présidé par son ami et ancien collègue à la convention, Fouché. La situation de M. Richard tourna en ce moment à son profit; c'était un mécontent : le gouvernement se flatta avec succès d'en faire un ingrat.

Il se mit sur les pas de son ancien bienfaiteur (Napoléon), dont il avait tracé l'itinéraire, et se chargea de l'épier et de lui rendre compte de ses mouvemens lorsqu'il serait sur les côtes de Rochefort. Il fut en conséquence renvoyé à son ancienne préfecture de La Rochelle (Charente-inférieure), et les journaux

retentirent des évolutions nautiques de ce magistrat,
pour cerner l'ex-empereur lors de son embarcation à
bord du *Bellerophon*. Le roi remonté sur le trône,
par son ordonnance du 14 juillet 1815, confirma la
réintégration de M. Richard, qui continua son administration jusqu'au mois de décembre suivant. A
cette époque, ce préfet donna sa démission et obtint
une pension et la faveur spéciale d'être excepté de la
loi du 12 janvier 1816, qui condamnait à l'exil les
conventionnels qui, comme lui, avaient voté la mort
de Louis XVI. Cette exception fut due sans doute à
sa conduite administrative et politique dans le département de la Charente-Inférieure lors du second retour des Bourbons. M. Richard est mort à Saintes le
17 août 1834, âgé de 73 ans.

RIGNY (le chevalier Edouard de), conseiller d'état
en service extraordinaire, officier de la Légion-d'Honneur, frère de l'ancien ministre de la marine, fut
chargé, sous le gouvernement impérial, de la comptabilité de l'Université. Le 14 juillet 1815, il fut nommé
préfet de Saône-et-Loire; le 17 janvier 1816, il passa
à la préfecture de la Corrèze, et fut transféré à celle
du Puy-de-Dôme le 5 avril 1817. Il administra ce département jusqu'au mois de juillet 1820, époque où
il fut destitué.

Sa disgrace fut vivement sentie par ses administrés,
dont il se montra dans toutes les circonstances le zélé
protecteur.

Il existe au Mont-d'Or une source qui porte son
nom ; ce magistrat a beaucoup contribué à la décou-
verte de cette source, complètement ignorée avant
1817. M. de Rigny était préfet d'Eure-et-Loir depuis

la révolution de 1830. Il fut remplacé, le 22 juillet 1833, par M. Pompeï.

RIOU (François-Marie-Joseph), chevalier de la Légion-d'Honneur, né en 1756, à Brest, où il exerçait la profession d'avocat avant la révolution. Il était administrateur central du Finistère, lorsque ses compatriotes le nommèrent membre du conseil des cinq-cents. Il aida de tout son pouvoir au succès de la fameuse journée du 18 brumaire.

Le 3 mars 1800, il obtint la préfecture du Cantal; il administra ce département pendant dix ans. Un décret impérial du 10 août 1810 lui annonça sa révocation. On attribue sa disgrâce aux trafics non autorisés par les lois en matière de conscription qui se faisaient ouvertement dans ce département. Cependant nous sommes autorisé à dire que ce préfet était généralement estimé dans ce pays, et que son administration y a laissé d'honorables souvenirs. Il est mort depuis plusieurs années.

RIOUFFE (le baron Honoré), officier de la Légion-d'Honneur, fut arrêté à Bordeaux, au mois d'octobre 1793, pour avoir eu le courage de partager les sentimens, les vertus et les infortunes des députés proscrits à la suite de la contre-révolution du 31 mai; conduit à Paris, où il fut jeté dans un cachot de la Conciergerie avec des voleurs et des assassins, il dut sa liberté aux pressantes sollicitations de Ducos, qui ne l'avait vu qu'une seule fois dans le monde.

Après la journée du 9 thermidor, il publia un ouvrage qui a pour titre : *Mémoire d'un détenu pour servir à l'histoire de Robespierre.* L'empressement et

la rapidité avec lesquels la première édition de cet
ouvrage fut enlevée, prouvent à quel point cette pro-
duction a réuni tous les suffrages. Dans le mois
d'avril 1795, M. Riouffe en publia une seconde édition revue et augmentée. En décembre 1799, il entra
au tribunat, où, dans la séance du 12 nivose an VIII,
il s'éleva fortement contre l'article 14 de la loi ré-
glementaire qui donne un costume aux membres du
tribunat. Dans son opinion à ce sujet, on remarque
le passage suivant.

« Tribuns, je finis par une réflexion qui, j'en suis
» bien sûr, sera entendue de vous tous; l'égalité nous
» ordonne de n'admettre de distinction que celles
» qui sont jugées indispensables. La tendance des
» hommes ne l'est pourtant que trop à chercher à
» sortir des rangs par des marques frivoles et fas-
» tueuses, comme si l'égalité leur était un poids in-
» supportable dont ils cherchent à se débarras-
ser (*). » L'opinion de ce tribun ne prévalut pas, on
passa à l'ordre du jour.

En 1802, il fut élu président du tribunat et en
sortit, en 1804, pour aller administrer le département de la Côte-d'Or. Le 29 octobre 1808, il passa à
la préfecture de la Meurthe : en 1813, une maladie
contagieuse s'étant déclarée à Nancy, ce magistrat
déploya dans cette malheureuse circonstance un zèle
infatigable; il visita fréquemment les hôpitaux, pour
s'assurer par lui-même si les soins donnés aux ma-
lades n'étaient point négligés. Atteint de cette cruelle
maladie épidémique, M. Riouffe mourut vers la fin
de cette année.

Moniteur, an VIII.

Cet administrateur était un homme de lettres ; on connaît de lui un poème sur la mort de Léopold, duc de Brunswick.

RIVET (le baron), chevalier de la Légion d'Honneur, né à Brives. Administrateur central du département de la Corrèze, pendant les premières années de la révolution ; à la création des préfectures, il obtint celle de la Dordogne. Le 12 février 1810, il passa à la préfecture de l'Ain, d'où il fut renvoyé à sa première préfecture, le 10 juin 1814, et le 6 avril 1815, Napoléon le nomma préfet du Cher, où il se distingua par un grand dévouement à la cause impériale ; aussi, après le second retour du roi, fut-il destitué et il n'a plus été employé depuis cette époque.

Le 22 juin 1834, M. Rivet fut nommé député par le collége électoral de Brives. Pendant le cours de sa législature , il a voté ministériellement.

RIVET (Charles), officier de la Légion-d'Honneur, fils du précédent, a été du nombre de ceux qui ont su mettre à profit et exploiter à leur avantage la révolution de juillet ; d'abord il a obtenu pour son début la sous-préfecture d'une résidence royale (Rambouillet). Quelque temps après, le 7 mars 1831, il est devenu préfet du département de la Haute-Marne, d'où il fut appelé, le 24 janvier 1833, à la préfecture du Gard. Il ne resta à Nîmes qu'environ sept mois, sous le poids d'une administration difficile.

Dans le mois de septembre suivant, il quitta sa préfecture après avoir installé M. de Jessaint, son successeur, pour se rendre à Paris, afin d'y remplir les fonctions de directeur du cabinet au ministère de l'intérieur.

Le 4 avril 1835, il succéda à M. de Gasparin, préfet du département du Rhône, qui, le même jour, avait été nommé sous-secrétaire-d'état au même ministère.

M. Rivet administre encore cette importante préfecture : nous dirons avec les Lyonnais, si non au milieu de la satisfaction générale, du moins au gré de la grande majorité des citoyens de cette vaste cité.

Aux élections générales de cette année (1839), M. le préfet de Lyon a été élu député par le collége de Brives (Corrèze).

ROBERT, ancien inspecteur aux revues, nommé préfet de l'Ardèche, le 11 brumaire an X (2 novembre 1801), passa à la préfecture de Marengo, le 16 mars 1806, et mourut à Casal, en avril 1809, étant en tournée pour les opérations du conseil de recrutement.

ROEDERER (le baron de), chevalier de la Légion-d'Honneur, fils de l'ex-sénateur de ce nom, fut d'abord auditeur au conseil-d'état, et ensuite préfet du Trasimène ; le 24 février 1814, il fut appelé à la préfecture de l'Aube, qu'il administra jusqu'à la déchéance de l'empereur. Après la seconde émigration des Bourbons, M. Rœderer fut replacé à sa préfecture qu'il perdit définitivement à la nouvelle rentrée des Bourbons. Il est actuellement membre du conseil-général des Ardennes.

ROGGIERI (le baron Jean-Baptiste de), chevalier de la Légion-d'Honneur, né à Diano-Marino (pays de Gênes), le 15 février 1761 ; il occupa des fonctions importantes dans sa patrie jusqu'à la réunion de ce pays à la France. A cette époque, il devint préfet de la Meuse-Inférieure ; sa conduite y fut digne d'éloges. Le 6 avril 1815, il fut envoyé à la préfecture du Gard, et chose extraordinaire ! ce magistrat sut se concilier l'estime générale dans ce pays, en proie aux plus grandes dissentions, à cause des différentes opinions qui y regnaient, et de la diversité de croyance en matière religieuse.

M. le baron de Roggieri fut destitué après la seconde rentrée des Bourbons, et se retira à Paris, où il a fixé son domicile.

ROGNIAT (le baron de), officier de la Légion-d'Honneur, frère du lieutenant-général du génie de ce nom, auditeur au conseil-d'état et sous-préfet de Vienne (Isère), sous le gouvernement impérial ; il fut maintenu par le roi à cette sous-préfecture en 1814, d'où il fut appelé, le 30 mars 1815, à la préfecture du Puy-de-Dôme, par l'empereur Napoléon. Le 14 juillet suivant, le gouvernement du roi le fit passer à la préfecture des Ardennes, d'où il fut transféré successivement dans les départemens de la Vendée et de l'Ain. Après la chute de Charles X, M. de Rogniat obtint de nouveau la préfecture du Puy-de-Dôme, qu'il avait quittée avec peine quinze ans auparavant. Ce magistrat avait su se maintenir dans sa carrière administrative sans aucune tribulation. Empire, royauté, cent-jours, nouveau retour, ministères Decazes, Richelieu, Villèle, Martignac, Polignac, etc., il avait tout vu, tout encensé ; mais le ministère Périer lui donna un successeur le 22 juillet 1832.

ROLLAND DE CHAMBAUDOUIN (le baron Barthé-lemy-François), chevalier de la Légion-d'Honneur, fut nommé, en 1800, membre du conseil-général du Loiret; en 1804, il entra au corps législatif, d'où il sortit pour aller administrer la préfecture de l'Eure, en mars 1806; et malgré la faveur dont jouissait son épouse auprès de l'impératrice Joséphine et de la reine Hortense, sœur de l'empereur Napoléon, il fut remplacé dans sa préfecture, le 22 mars 1813, par M. le comte de Miramont. M. de Chambaudouin était maître des requêtes en service extraordinaire sous la branche aînée des Bourbons. Le 22 octobre 1831, il fut nommé préfet de l'Hérault, où il fut remplacé le 25 juin 1832.

ROLLAND DE VILLARCEAUX (le baron Jean-André), chevalier de la Légion-d'Honneur, né à Paris en 1764, était lieutenant au régiment de Lafère (artillerie), à l'aurore de la première révolution. Il quitta le service et se prononça ouvertement et cha-leureusement pour la monarchie. Il fut décrété d'ar-restation, mais il parvint à se soustraire à l'exécution de ce décret et se réfugia en Suisse. Cédant aux in-stances de sa famille, il rentra en France après la chute de Robespierre. Lorsque Napoléon fut au pou-voir, M. Rolland, qui avait été son compagnon d'armes dans le régiment de Lafère, lui fut présenté; il fut très-bien accueilli par le premier consul, qui lui donna la préfecture du Tanaro, et l'appela ensuite à celle des Appennins.

Le 30 novembre 1810, il devint préfet du Gard, où la plus parfaite tranquillité régna durant le cours de son administration; mais les événemens du mois de mars soulevèrent les passions dans ce pays. M. le préfet, dans cette circonstance, revint à ses anciennes affections; il encouragea par sa conduite les partisans de la dynastie royale et déploya un zèle ardent pour cette cause alors désespérée. Cette conduite faillit devenir funeste à ce magistrat qui courut les plus grands dangers; il fut arrêté par la force militaire et conduit aux casernes, où il demeura pendant quelques jours gardé à vue. Rendu à la liberté, il abandonna la direction des affaires publiques. Depuis cette époque il n'a plus reparu dans aucune fonction.

ROMAIN (le baron Benoît-Rose-Muzard de), chevalier de la Légion-d'Honneur. Son début dans la carrière administrative date de la seconde restauration; il fut successivement sous-préfet de Péronne et de Brest. Le 26 juin 1822, il devint préfet de la Meuse; le 3 mars 1828, il passa à la préfecture des Pyrénées-Orientales, qu'il administra jusqu'à la chute de Charles X. M. Romain dut sa nomination à la place de préfet à sa conduite jésuitique lors des missions de Brest.

ROMIEU (Auguste de), chevalier de la Légion-d'Honneur. Après avoir terminé avec quelque succès ses études au collége d'Henri IV, où il eut pour condisciple le jeune Montalivet, aujourd'hui pair de France et ministre de l'intérieur, il débuta dans le monde littéraire comme vaudevilliste. La révolution de 1830 le trouva dans cet état. M. de Romieu, appuyé du puissant crédit de son ancien camarade de collége, obtint successivement les sous-préfectures de Quimperlé et de Roanne. Le 14 juillet 1833, il devint préfet

de la Dordogne. Ce magistrat a tenu une conduite bien
différente de celle de son prédécesseur à l'égard des
réfugiés Polonais du dépôt de Périgueux ; aussi ceux-
ci, reconnaissans des soins et des égards à eux prodigués par ce fonctionnaire, lui ont offert, comme
témoignage de leur gratitude, une bague d'or portant
cette inscription : *A M. Romieu, les Polonnais reconnaissans* (4 mars 1835).

ROUEN DES MALETS (le baron), officier de la
Légion-d'Honneur, fils d'un ancien notaire de Paris,
fut d'abord auditeur au conseil-d'état près le ministre
et la section de l'intérieur, et ensuite intendant en
Illyrie. Le 15 décembre 1813, il obtint la préfecture
du Vaucluse.

Il administra le département de Lot-et-Garonne
pendant les cent-jours et, après être resté sans
emploi depuis la seconde rentrée de Louis XVIII, il
a obtenu du gouvernement de Louis-Philippe les fonctions de résident du roi des Français à Egine (Grèce.)

ROUGIER DE LA BERGERIE (le baron Jean-Baptiste), chevalier de la Légion-d'Honneur, naquit à
Bonnemil (Indre) en 1759. Nommé député à l'assemblée législative, il s'y montra modéré et s'y occupa
beaucoup d'économie rurale. Après la session, en
septembre 1792, il rentra dans ses foyers où il se
consacra entièrement à l'agriculture, et publia plusieurs ouvrages y relatifs.

Lors de la nouvelle organisation de l'administration
départementale, après le 18 brumaire, il obtint la
préfecture de l'Yonne, qu'il administra jusqu'au 12
mars 1813, époque de sa destitution. M. Rougier se

retira de nouveau à Bonnemil et reprit ses travaux agricoles. Napoléon remonté sur le trône, en mars 1815, réintégra cet ancien préfet dans ses fonctions, et lui donna la préfecture de la Nièvre; mais M. Rougier se démit de sa place en faveur de son fils; le 25 mai suivant il revint à ses travaux agronomiques.

Nous signalerons parmi ses productions : 1° *Histoire de l'Agriculture française;* 2° *Essai politique et philosophique sur le commerce et sur la paix, considérés dans leurs rapports avec l'Agriculture.*

M. le baron Rougier de la Bergerie était correspondant de l'Institut et membre de la Société d'Agriculture du département de la Seine. Il est mort en 1836, dans le mois de septembre.

ROUGIER DE LA BERGERIE, chevalier de la Légion-d'Honneur, fils du précédent; il a occupé successivement, sous l'empire, les fonctions d'auditeur au conseil-d'état et d'intendant en Illyrie. Il ne fut pas employé en 1814; mais, dans les cent-jours, son père le fit nommer préfet de la Nièvre. Après la seconde restauration, le gouvernement royal le déposséda de sa préfecture et lui donna pour fiche de consolation la sous-préfecture de Figeac, où il a laissé d'honorables souvenirs. Quelques temps après, il devint sous-préfet de Nérac; il est demeuré à ce poste jusqu'à la révolution de 1830. Il resta environ trois ans dans la plus complète disgrace; au bout de ce temps, il fut appelé à la sous-préfecture de Bayeux; enfin, le 30 janvier 1839, le ministère Molé expirant lui a confié l'administration du département de Lot-et-Garonne.

ROUJOUX (le baron Louis-Julien de), officier de
la Légion-d'Honneur, naquit à Landernau (Finistère),
le 20 mars 1753; il était maire de sa ville natale et
député aux états de Bretagne, avant la révolution. En
1790, il fut nommé commissaire du roi près le tribunal du district de Landernau. En 1791, il fut appelé
par les vœux de ses compatriotes à l'assemblée législative : il s'y montra patriote vertueux et sage. Après
la journée du 10 août 1792, plusieurs journaux ayant
annoncé que ce législateur avait abandonné son poste,
il s'empressa de démentir cette assertion mensongère,
par l'avis suivant qu'il fit insérer au *Moniteur :* « Une
» espèce de conformité de nom a donné lieu à un
» quiproquo qui m'est infiniment injurieux. On a
» répandu que, fuyant au moment du danger, j'avais
» été arrêté à deux lieues de Paris. On ignorait sans
» doute que je suis Breton, député du Finistère. »
Elu membre de la convention nationale, à la fin de
1792, il refusa et revint dans son département. Ami
d'une sage liberté, il se montra l'un des plus chauds
opposans au système de la terreur qui commençait
déjà à se développer. Après les malheureux événemens du 31 mai qui renversèrent le parti de la Gironde, il marcha jusqu'en Normandie à la tête des
fédérés Bretons, et devint président du comité central de résistance à l'oppression. Proscrit par les chefs
Vendéens, mis hors la loi par décret spécial de la
convention nationale, ce sage patriote parvint à dé-
tourner l'orage qui, de toutes parts, semblait vou-
loir fondre sur sa tête. En 1797, ses compatriotes lui
donnèrent un nouveau témoignage d'estime et de confiance en le nommant député au conseil des anciens ,
où il parut tel qu'il s'était fait connaître à l'assemblée

législative, loyal, ferme et patriote. En 1799, il entra au tribunat, où il prit une part très-active dans la discussion de nos codes et se distingua par ses lumineuses observations et par ses opinions fortes en principes et en raisonnemens.

Le 25 messidor an VIII (14 juillet 1800), ce tribun fit un éloge pompeux du brave Latour-d'Auvergne, son compatriote, et proposa au tribunat de nommer une commission afin de lui présenter un projet de fête à la mémoire du premier grenadier de l'armée. Cette proposition fut prise en considération.

Le 25 germinal an X (15 avril 1802), il fut appelé à la préfecture de Saone-et-Loire, où il justifia complètement la confiance du gouvernement par une administration aussi paternelle qu'éclairée. Ce département lui doit plusieurs établissemens utiles qui attesteront aux générations futures le bien que ce vertueux magistrat a fait dans ce pays. La génération actuelle n'a pas encore oublié sa conduite énergique, en 1814, pour préserver ce département de l'invasion étrangère. Ses efforts honorables lui valurent une sorte de proscription, et ses fonctions lui furent enlevées.

Il reparut sur la scène politique durant les cent-jours : il fut successivement appelé aux préfectures du Pas-de-Calais et d'Eure-et-Loir. Après la seconde rentrée des Bourbons, M. de Roujoux fut de nouveau privé de toute fonction; il se retira à Brest, où il employa ses momens à la culture des lettres, et mourut dans cette ville le 5 février 1829. Sa mort plongea dans la plus grande consternation ses concitoyens, dont il avait constamment mérité l'estime.

M. le baron de Roujoux était doué de beaucoup d'esprit, il écrivait avec autant de grâce que de chaleur; il n'a laissé que quelques opuscules disséminées en divers recueils.

ROUJOUX (le baron Prudent-Guillaume de), chevalier de la Légion-d'Honneur, décoré de la croix de Juillet, fils du précédent, naquit à Landernau le 6 juillet 1779. Il entra à l'école polytechnique dans le mois de nivose an V, et devint enseigne de vaisseau en l'an VIII (1800). Il accompagna, par ordre du gouvernement, dans la même année, le contre-amiral Lacrosse, gouverneur-général de la Guadeloupe; après avoir dressé une carte militaire de cette île et pris part à plusieurs combats, il revint en France portant au premier consul des dépêches importantes.

Sorti du service de la marine pour cause de santé, il fut, en 1805, nommé sous-préfet de Dôle (Jura) et, en 1811, il passa à la sous-préfecture de Saint-Pol (Pas-de-Calais); il publia à la même époque un ouvrage très-estimé ayant pour titre : *Essai d'une histoire des Révolutions arrivées dans les sciences et les beaux-arts depuis les temps héroïques jusqu'à nos jours*, 3 vol in-8°.

Vers la fin de la même année (1811), l'empereur Napoléon lui confia la préfecture du Ter, dont le chef-lieu était Gironne, en Catalogne. Ce magistrat, plein de sollicitude pour ses administrés, donna tous ses soins à l'assainissement de cette ville, qu'un siége d'environ sept mois venait d'accabler de toutes les calamités. Il y fut atteint du typhus, et n'échappa qu'avec peine à cette cruelle maladie. Au commencement de 1815, le département du Sègre fut réuni à celui du Ter, et M. de Roujoux, dont le zèle éclairé était justement apprécié par le brillant génie qui présidait alors aux destinées de l'empire français, fut chargé

de l'administration de ces deux départemens. Sa conduite administrative fut à la fois ferme, douce et habile; en un mot, elle fut digne des plus grands éloges.

Il rentra en France, en 1814, avec le corps d'armée
du maréchal duc d'Albuféra (Suchet), et fut un de
ceux qui supplièrent à mains jointes, mais sans succès,
ce maréchal d'envoyer une partie de son armée sur les
derrières de l'armée Anglaise, qui marchait vers Toulouse. M. le baron de Roujoux n'occupa aucune place
sous les Bourbons en 1814. Le 22 mars 1815, Napoléon, qui n'avait pas perdu de vue ses bons adminis-
trateurs, n'oublia pas son ancien préfet de Catalogne;
il l'appela à la préfecture des Pyrénées-Orientales, où
il se maintint jusqu'au 4 du mois d'août suivant, no-
nobstant les ordres du nouveau gouvernement.

De 1817 à 1820, il rédigea le journal l'*Indépendant*,
souvent poursuivi et enfin détruit par le ministère;
dans les années suivantes, il a publié un grand nombre
d'ouvrages : un *Dictionnaire Français-Italien et Italien-
Français*, sur des bases nouvelles, et un roman intitulé : *Don Manuel*, histoire espagnole, 2 vol. in 12;
un *Dictionnaire géographique*; un *Précis de géographie
universelle*, sous le titre : *Du monde en estampe*; une traduction de l'*Histoire d'Angleterre du docteur John Lin-
gard*, des poésies connues sous le titre de *Poésies iné-
dites de Clotilde de Surville*, et enfin, en 1830, une
Histoire des rois et des ducs de Bretagne, 4 vol. in 8°.
Tandis qu'il s'occupait de ces ouvrages, il a successivement travaillé à la rédaction du *journal des Débats*,
de *la Revue encyclopédique*, du *Courrier français*, etc.

Au mois de juillet, dans les mémorables journées
des 27, 28 et 29, M. le baron de Roujoux combattit
pour les principes qu'il avait défendus toute sa vie;

il fut blessé. En août suivant, il devint préfet du département du Lot, où il continuait de donner des preuves de son patriotisme et de son zèle éclairés lorsque, par ordonnance royale, rendue en juillet 1833, il fut révoqué de ses fonctions. Il se rendit à Paris pour continuer ses travaux littéraires, et la mort vint en arrêter la marche vers la fin de 1836.

Un de ses meilleurs ouvrages est, sans contredit, l'*Histoire d'Angleterre*, depuis les temps les plus reculés jusqu'à la reforme parlementaire de 1832 inclusivement.

Cet ouvrage, qui comprend trois forts volumes in 8°, est le seul dans ce genre qui embrasse jusqu'à l'année 1832, le seul donc qui puisse faire connaître dans tous les détails les grandes questions qui ont si vivement agité l'Angleterre depuis 1820, époque à laquelle s'arrêtent les autres histoires.

ROUILLÉ D'ORFEUIL (le baron Antoine-Louis), chevalier de la Légion-d'Honneur, maître des requêtes et intendant de la province de Champagne avant la révolution, naquit en 1754; il n'a occupé aucun emploi de 1790 à 1806; à cette dernière époque, il fut nommé auditeur au conseil-d'état et sous-préfet de Nogent-le-Rotrou. Le 13 janvier 1814, il obtint la préfecture d'Eure-et-Loir, et y fut maintenu par le gouvernement du roi; mais il la perdit le 17 mai 1815. Après le second retour du roi, on lui donna le titre de maître des requêtes en service extraordinaire, et plus tard celui de conseiller d'état honoraire. Le gouvernement né de la révolution de juillet lui confia l'administration du département du Jura le 27 janvier 1831; peu de temps après, il donna sa démission et conserva seulement son titre de conseiller d'état honoraire. Il est mort à Paris le 9 février 1834.

ROULLAUX-DUGAGE (Charles-Henri), chevalier de la Légion-d'Honneur ; le gouvernement né de la révolution de juillet le nomma à la sous-préfecture de Domfront, qu'il avait occupée pendant les cent-jours. Le 12 novembre 1835 , il obtint la préfecture de l'Ardèche d'où il passa , le 23 juillet 1837 , à celle de l'Aude. Nous nous arrêtons ici, faute de renseignemens.

Dans une nouvelle édition que nous nous proposons de publier, les préfets nommés par le gouvernement de Louis-Philippe feront l'objet de toute notre sollicitude. Nous aimons à croire que , d'après les renseignemens que nous aurons recueillis , le magistrat qui fait l'objet de cet article y sera mentionné honorablement ; ce qu'il y a de bien certain , c'est que nous seront toujours dans le vrai. Franchise et impartialité, voilà notre devise.

ROUSSY (le marquis de), né au Vigan (Gard), en 1775, d'une famille distinguée et ancienne; il a été auditeur au conseil-d'état et sous-préfet d'Annecy , sous le gouvernement impérial; le 10 juin 1814, il devint préfet des Ardennes. Il fut mis de côté dans les cent-jours et, le 28 novembre 1815, il obtint la préfecture de la Vendée. Ses opinions politiques en opposition au système ministériel de cette époque, amenèrent sa révocation le 16 avril 1816; il resta sans emploi pendant six ans. Le 26 juin 1822, sous le ministère Villèle, M. le marquis fut nommé préfet des Deux-Sèvres; le 3 mars 1828, le ministère

Martignac l'appela à la préfecture des Hautes-Alpes.
Il resta dans ce poste jusqu'à la chute de Charles X,
époque à laquelle M. Raynaud le remplaça.

L'épouse de M. de Roussy est issue de la branche
de Saint-François de Sales : aussi cet ex-préfet avait
une prédilection pour les Jésuites.

ROUXEL (Claude), négociant à Toulon, fut nommé,
nous ne savons à quel titre, préfet du Var, le 27 août
1830 ; mais, sans doute peu propre aux fonctions
administratives, le gouvernement le renvoya, le 22
janvier 1831, à son négoce. M. Rouxel est membre
du conseil-général du département dont il était devenu le premier magistrat.

ROZET (Louis), ancien avocat à la cour de cassation, naquit en 1799. Il fut nommé, sans aucun
antécédent administratif, préfet du département de
l'Aveyron, le 25 mai 1834.

Dès le début de son administration, il s'appliqua
principalement à étudier ce pays et à connaître ses
besoins ; il fit les plus grands efforts afin d'y intro-
duire et propager la culture des vers à soie.

Il s'occupa en outre de réaliser plusieurs autres projets utiles et propres à accroître la prospérité du
pays, lorsque la Providence vint l'arrêter au milieu
de ses travaux.

Il mourut à Rodez, le 15 novembre 1836, à la suite
d'une longue et douloureuse maladie, vivement regretté de la population ruthénoise.

« Ceux qui ont pu voir de près et apprécier les qua-
» lités de ce jeune magistrat savent que le départe-
» ment de l'Aveyron perd en lui un administrateur

» éclairé, plein de dévouement pour le pays, d'une
» rigidité de principes rare, un honnête homme
enfin (*). »

RUDLER (François-Joseph), chevalier de la Légion-d'Honneur, né en Alsace, le 9 septembre 1757,
était administrateur central lorsqu'en 1791, il fut
nommé député à l'assemblée législative. Après la session de cette législature, il a été successivement appelé aux fonctions de juge au tribunal de Colmar et
de vice-président de l'administration départementale
de la Seine; plus tard, il fut envoyé à l'armée de
Moreau, en qualité de commissaire du gouvernement,
et chargé ensuite de l'organisation des départemens
en deçà du Rhin. La préfecture du Finistère étant
devenue disponible, le 22 janvier 1801, par la nomination de M. Didelot à celle de l'Allier, M. Rudler en
fut pourvu; il quitta cette préfecture, le 25 mars 1805,
pour aller prendre possession de celle de la Charente,
qu'il occupa jusqu'au 10 février 1810, époque de sa
destitution, et depuis M. Rudler n'a plus reparu comme
homme public. Il jouissait, à juste titre, de la réputation d'un excellent administrateur.

S

SABATIER (André), ancien administrateur du
département de la Seine, fut nommé, le 3 mars
1800, préfet de la Nièvre; mais il fut remplacé, le
2 avril 1803, par M. Adet. M. Sabatier s'est livré ensuite à des travaux d'économie politique et de statistique. Il est mort à Paris, le 14 décembre 1820.

(*) *Le Ruthenois*, 16 novembre 1836.

SAINT-AIGNANT (le comte Louis-Rousseau de),
pair de France, officier de la Légion-d'Honneur,
naquit à Nantes le 10 février 1767, d'une très-ancienne famille de Bretagne ; entré fort jeune à l'Ecole
militaire de Paris, il en sortit vers le commencement
de la révolution pour entrer comme sous-lieutenant
dans le régiment du Roi. Il se distingua à l'affaire de
Nancy, en 1792 ; il y reçut un coup de baïonnette
en défendant son colonel. Il émigra peu de temps
après et servit dans l'armée des princes. Rentré dans
sa patrie après la chute de Robespierre, il y vécut
étranger à tous les bouleversemens politiques jusqu'en
1814 ; à cette époque, il accepta du roi les honorables fonctions de maire de sa ville natale qu'il a remplies avec la plus grande distinction pendant plusieurs
années.

Le 9 janvier 1819, M. le maire de Nantes fut appelé
par le ministère Decazes à la préfecture des Côtes-du-
Nord ; mais il fut renvoyé, le 19 juillet 1820, par le
ministère Richelieu. Dans le mois de novembre de la
même année, M. de Saint-Aignant reçut de ses compatriotes les honneurs de la députation ; dans ces
nouvelles fonctions il se montra énergique et patriote.

A la séance du 6 février 1822, lorsqu'il fut appelé à
émettre son opinion sur le projet de loi relatif à la
répression de la presse, il dit :

« Je ne puis voter sur une loi qui renverse la
» Constitution que j'ai juré de maintenir (*). »

Il ne fut point réélu aux élections de 1824 ; mais à
celles de 1827, il rentra à la chambre, où il a constamment voté contre le ministère. Après la révolution

(*) *Moniteur*, année 1822, 1er sem.

de 1830, il reparut sur l'horison administratif : il fut préfet de la Loire-Inférieure jusqu'au 12 mai 1822. Il a été élevé à la dignité de pair de France, le 25 novembre suivant.

M. de Saint-Aignant est mort le 2 avril 1837, en son château de Saint-Aignan.

SAINT-AIGNAN (Edmond de), chevalier de la Légion-d'Honneur, était sous-préfet d'Ancenis depuis le 10 août 1830, lorsque il fut nommé, le 21 novembre 1831, préfet des Hautes-Pyrénées; et après avoir successivement administré les départemens de la Sarthe et d'Eure-et-Loire, il passa à la préfecture de la Somme, le 23 juillet 1837; il a été appelé à celle du Nord, le 30 janvier 1839.

SAINT-AULAIRE (le comte Louis-Beaupoil de), pair de France, ambassadeur près la cour d'Autriche, grand-officier de la Légion-d'Honneur, né d'une ancienne famille du Limousin en 1779; en 1811, il entra à la cour de Napoléon comme chambellan. Le 12 mars 1813, il fut nommé préfet de la Meuse et, le 13 octobre 1814, le gouvernement du roi le fit passer à la préfecture de la Haute-Garonne. Le 4 avril 1815, M. de Saint-Aulaire qui, dans sa circulaire à MM. les maires du département de la Meuse, sous la date du 24 mai 1814, et consignée dans le *Moniteur*, n'avait pas ménagé son ancien bienfaiteur, abandonna les rênes de son administration et se retira à la campagne, où il demeura jusqu'après la rentrée des Bourbons; à cette époque le département de la Meuse le nomma membre de la chambre des députés. Il fit partie de la minorité de cette assemblée, et

s'éleva fortement contre les atrocités commises à
Nîmes et dans plusieurs autres villes du Midi. Réélu ,
en 1818 , par les électeurs du Gard , il reprit sa place
à la chambre dans les rangs de l'opposition libérale.
Dans la session législative de 1820 , il se prononça
énergiquement contre le projet de loi présenté par le
gouvernement sur les élections ; il proposa aussi de
traduire à la barre le procureur-général Mangin qui
avait outragé plusieurs de ses collègues distingués de
l'opposition ; il appuya la courageuse pétition de M.
Madier-Montjau , et affirma la vérité des faits y men-
tionnés.

Lors de l'expulsion de son collègue Manuel , il embrassa avec chaleur la défense de ce brillant et profond
orateur. Elevé à la dignité de pair de France, en
1828 , il se montra dans la chambre aristocratique ce
qu'il avait été à la chambre élective : le zèlé défenseur
des libertés publiques et de nos institutions.

Ce noble pair fut nommé, après la révolution de
1830 , ambassadeur du roi des Français , près la
cour du Saint-Siége à Rome ; vers le commencement
de 1833 , il passa à l'ambassade de Vienne. M. de
Saint-Aulaire est le beau-père de M. le duc Decazes,
ancien ministre de Louis XVIII , aujourd'hui pair
de France et grand-référendaire.

SAINT-CHAMANS (le baron Joseph de), ancien
conseiller d'état, officier de la Légion-d'Honneur, est
né en Périgord vers 1770, d'une famille noble de cette
province. Il fut successivement , sous le gouvernement de Napoléon , auditeur au conseil-d'état et intendant de Palencia, en Espagne. Le 9 mars 1815 ,
appelé par le gouvernement royal à la préfecture

de l'Isère, cette nomination fut sans résultat ; la ville de Grenoble avait reconnu l'autorité impériale.

Le 12 juillet 1815, il fut nommé préfet du Vaucluse. Il arriva à Avignon pour prendre possession de sa préfecture le jour même et au moment de l'assassinat de l'infortuné maréchal Brune. Il fit tous ses efforts pour soustraire ce guerrier à la fureur populaire. Tout nouveau dans ce pays, il ne put exercer aucune influence morale ; son autorité fut méconnue, et n'ayant aucune force armée à opposer à la rage de la populace effrénée, il eut le triste et cruel spectacle de voir massacrer, sous ses propres yeux, l'illustre victime. Cette scène tragique et barbare affecta vivement ce magistrat ; son moral s'en est ressenti pendant long-temps. Depuis cette malheureuse époque, ce pays lui devint insupportable ; il sollicita avec instance un nouveau poste, et enfin, le 17 février 1817, il passa à la préfecture de la Haute-Garonne ; mais l'affaiblissement de ses facultés intellectuelles le mit dans la pénible nécessité de demander un successeur, en octobre 1823. Il conserva néanmoins le titre de conseiller d'état en service extraordinaire, dont il était en possession depuis 1817.

Après quatre années de repos, son moral s'étant raffermi, M. de Saint-Chamans accepta les fonctions de conseiller d'état en service ordinaire attaché au comité du contentieux, qu'il a occupées jusqu'à la chute de Charles X.

SAINT-DIDIER (Hypolite de), chevalier de la Légion-d'Honneur, pair de France, ancien auditeur au conseil-d'état de l'empire, fut décoré de la Légion-d'Honneur sous le gouvernement royal, en 1814, et attaché au cabinet de l'empereur pendant les cent-jours.

M. de Saint-Didier n'a reparu sur la scène politique que le 2 août 1830, époque de sa nomination à la préfecture de l'Aube.

Ce département doit à la sollicitude de cet administrateur l'ouverture de la route de Chaveiré à Troyes, depuis long-temps réclamée ; la continuation de celle de Tonnerre à Nogent, communication importante pour le commerce du pays et pour la circulation des vins de la Bourgogne ; enfin, l'ouverture de plusieurs autres routes du plus grand intérêt pour les habitans de ce pays.

Le 4 décembre 1832, il passa à la préfecture de Seine-et-Marne, en remplacement de M. Boby Delachappelle, appelé le même jour à celle de la Mayenne. Après une bonne administration d'environ six ans dans ce département, il fut élevé à la dignité de pair de France, le 10 novembre 1838. M. de Germiny, maître des requêtes au conseil-d'état, lui a succédé dans ses fonctions de préfet.

SAINT-FÉLIX DE MAUREMONT (le marquis Armand-Joseph-Marie de), chevalier de la Légion-d'Honneur, né à Mauremont, arrondissement de Villefranche, département de la Haute-Garonne, le 1er juillet 1784 ; il est issu d'une très-ancienne famille de Toulouse. En 1815, il fut nommé sous-préfet de Villefranche ; mais le ministère Decazes lui donna un successeur en 1819. M. de Saint-Félix resta sans emploi jusqu'au 27 juin 1823, époque à laquelle son compatriote et ami, M. de Villèle, alors premier ministre, le colloqua à la préfecture du Lot. Dans ce nouveau poste, M. le marquis fit preuve d'une certaine capacité administrative, accompagnée d'une prodigieuse activité. Il s'occupa surtout avec un zèle extraordinaire des routes départementales et communales, dont le besoin se faisait si bien sentir dans ce pays. Accusé, vers la fin de 1827, d'avoir influencé par des moyens illégaux les élections de ce département (*), et le ministère de Villèle ayant été obligé de se retirer, M. de Saint-Félix, sans appui, fut destitué le 3 mars 1828. Néanmoins, quoiqu'il eût fait le bien dans ce département, il ne fut pas regretté à cause de ses airs de grandeur qui, pour la plupart du temps, le rendaient inaccessible. Il revint en faveur sous le ministère Polignac, et, le 2 avril 1830, il obtint l'administration du département de la Vienne. A peine installé dans sa nouvelle préfecture, le trône de Charles X croula et entraîna dans sa chute tous les fonctionnaires de l'époque. Dès lors M. de Saint-Félix rentra dans la vie privée. Plusieurs Biographes rapportent que cet ancien préfet est auteur d'un ouvrage assez estimé sur les constructions rurales.

SAINTE-HERMINE, chevalier de la Légion-d'Honneur, ancien maire de Niort et député des Deux-Sèvres, fut nommé, le 10 août 1830, préfet de la Vendée. Le 13 octobre 1832, il passa à la préfecture de l'Allier, où il fut remplacé le 31 octobre 1833.

SAINT-HORENT (N), chevalier de la Légion-d'Honneur, ancien membre du conseil des cinq-cents. Vers les premières années de la révolution de 1789, il

(*) *Moniteur,* année 1828, séance de la chambre des députés du 16 février.

concourut à la rédaction du *Journal du Soir* ; cette collaboration lui donna une certaine importance dans le monde politique. En 1795, il devint législateur au conseil des cinq-cents ; il s'y occupa particulièrement de la répartition de l'impôt, et se montra très-favorable à la journée du 18 brumaire. Le 3 mars 1800, il fut nommé préfet de l'Aveyron et, le 12 mai 1808, au grand regret de ses administrés, il fut remplacé par M. de Goyon. Depuis cette époque, M. de Saint-Horent n'a plus reparu dans les rangs des fonctionnaires publics.

SAINT-LUC (le comte Athanase-Marie-Stanislas-de-Sales Conen de), chevalier de la Légion-d'Honneur et de Saint-Jean-de-Jérusalem, né le 13 janvier 1769, à Saint-Germain, arrondissement de Rennes (Ille-et-Vilaine), fils de M. de Saint-Luc, ancien président du parlement de Bretagne, mort révolutionnairement à Paris, dans le mois de juillet 1794. M. de Saint-Luc fils avait émigré ; il fit partie de l'expédition de Quiberon, comme volontaire, sous les ordres de lord Moyra. Il dut sa rentrée en France au consulat, vers 1801 ; depuis le moment de son retour jusqu'au 10 juin 1814, il vécut dans une profonde obscurité ; à cette époque il apparut sur l'horizon préfectoral dans le département du Finistère. M. de Saint-Luc, dont le dévouement pour la personne du roi était inébranlable, partit de Quimper, vers la fin de mars 1815 ; il s'embarqua pour aller rejoindre ce monarque à Gand ; mais, jeté par une tempête sur la côte de Roscoff, à une lieue de Saint-Malo, il fut arrêté et conduit dans les prisons de Rennes, où il demeura jusqu'à la seconde rentrée des Bourbons. Le 3 mai

1816, il devint préfet des Côtes-du-Nord; le ministère Decazes lui donna un successeur dans cette préfecture, le 9 janvier 1819; sa disgrace dura trois ans. Le 9 janvier 1822, le ministère Villèle l'envoya à la préfecture du Lot, en remplacement de M. le comte de Chamisso, destitué; le 27 juin 1823, il fut appelé à celle de Loir-et-Cher. Ce nouveau poste lui convenait beaucoup; il s'y trouvait parfaitement bien, et il éprouva une grande contrariété à la réception de l'ordonnance royale du 12 novembre 1828, qui l'obligea de partir de Blois pour se rendre à Guéret (Creuse), préfecture bien moins importante que la précédente, sous tous les rapports; mais il fallait ou remercier, ou bien se résigner; M. de Saint-Luc adopta ce dernier parti. Le 2 avril 1830, le ministère Polignac l'appela à succéder à M. le comte de Lozardière, préfet de la Mayenne, renvoyé à la vie privée; mais, il en fut lui-même évincé par la révolution de 1830.

M. de Saint-Luc a été aussi membre de la chambre des députés; il siégeait au côté droit.

Comme administrateur, il n'a rien fait de remarquable. M. le comte eut été plus convenablement à la cour qu'à la tête de l'administration départementale.

SAINTE-SUZANNE (le baron Alexandre-François Bruneteau de), conseiller d'état en service extraordinaire, officier de la Légion-d'Honneur, est né à Châlons-sur-Marne. Le 16 mars 1806, il fut nommé préfet de l'Ardèche et, le 7 août 1810, il passa à la préfecture de l'ancien département de la Sarce. La chute de Napoléon, en 1814, amena la sienne; il rentra dans son pays, où le gouvernement de la restauration le laissa sans emploi.

Napoléon remonté sur le trône, le 20 mars 1815, rappela tous ses anciens et fidèles serviteurs, et par décret du 6 avril suivant, il nomma M. de Sainte-Suzanne préfet du Tarn. Il perdit cette préfecture, après le second retour du roi; il ne reparut sur la scène politique que dans le mois de mai 1831, comme préfet de l'Aisne. Le 14 juillet 1833, il fut remplacé par M. Renauldon et, en octobre de la même année, il obtint le titre honorifique de conseiller d'état en service extraordinaire. M. de Sainte-Suzanne, lieutenant-général, pair de France, est son frère aîné.

SALADIN (Léon), chevalier de la Légion-d'Honneur. Nous avons fait l'impossible pour découvrir s'il n'est pas l'un des descendans du fameux sultan d'Egypte, si célèbre dans l'histoire par son courage et par son amour pour la justice; mais toutes nos recherches ont été infructueuses. Le 28 août 1830, il devint préfet du Tarn; une ordonnance royale du 22 janvier 1831 lui donna pour successeur dans cette préfecture M. Combes-Sieyes et l'envoya à celle de Saône-et-Loire. Encore une nouvelle mutation : le 17 janvier 1834, il fut appelé à l'administration du département de Maine-et-Loire, et ensuite, le 2 juin 1835, il passa à celle du département de la Drôme.

SARTIGES (Charles-Gabriel-Eugène, vicomte de), chevalier de la Légion-d'Honneur, arrière petit-neveu de Bertrand de Sartiges, qui figura avec tant de distinction à la tête des braves chevaliers du Temple, sous Philippe-le-bel, au XIV siècle, naquit au château de Sourniac, à une distance très-rapprochée de Mauriac, département du Cantal, le 26 décembre 1772.

Après avoir suivi les cours de l'école royale militaire d'Effiat, il entra, en 1787, dans la marine comme élève et fit en cette qualité les campagnes d'observation sur les côtes de Malabar, Coramandel, côtes d'Afrique Philippine, Chine, Cochinchine, etc. Il revint en France en 1791 : nommé enseigne de vaisseau, il s'embarqua, vers la fin de la même année, sur la frégate *La Fidèle*, pour se rendre à Pondicheri. Il s'y trouvait le 10 juin 1793 ; le gouverneur-général lui donna le commandement des matelots et canonniers débarqués destinés à être employés pendant le siège dont cette ville était menacée de la part des Anglais. L'investissement de la place eut effectivement lieu cinq jours après, et tomba au pouvoir des Anglais le 23 août suivant. Le jeune Sartiges, qui dans cette circonstance s'était honorablement conduit, avait reçu le brevet de capitaine le 20 du même mois. Prisonnier de guerre, il resta au pouvoir des Anglais jusqu'en 1803, époque à laquelle il rentra en France ; il se retira du service de la marine, le 17 octobre 1805.

Deux ans après, il devint sous-préfet de Gannat et fut décoré de l'ordre de la Réunion, le 8 août 1812. Après la chute de Napoléon, en 1814, il obtint du gouvernement royal la préfecture de la Haute-Loire, la croix de Saint-Louis et le brevet de capitaine de vaisseau honoraire. Les cent-jours arrivèrent, M. le vicomte s'éclipsa et ne reparut au Puy qu'au retablissement du pouvoir royal ; il opposa une fermeté rare aux demandes exorbitantes du commandant des troupes autrichiennes stationnées dans le département confié à son administration. Un changement dans le système politique s'étant opéré en 1817, M. de Sartiges fut remplacé dans sa préfecture par M. Bastard de Lestang, le 2 juillet de cette année. Depuis cette époque, il n'a occupé aucune fonction publique jusqu'à sa mort arrivée le 9 juillet 1827 (*).

Durant le cours de son administration, il a, dit M. de Châteaubriand, rendu d'importans service à la cause royale (**).

SAULNIER (Pierre-Dieudonné-Louis), chevalier de la Légion-d'Honneur, ancien membre de la chambre des députés, naquit le 1er janvier 1767, à Nancy (Meurthe). Sous la convention et le directoire, il fut administrateur central du département de la Meurthe. Le 3 mars 1800, les consuls le nommèrent préfet de la Meuse; le 19 avril 1804, il devint secrétaire-général du ministère de la police générale; il cessa de remplir ces fonctions en 1814. Deux ans après, il fut élu député; il se plaça parmi les membres de l'opposition et vota constamment avec eux; dans la mémorable session de 1823, il s'opposa énergiquement à l'expulsion de M. Manuel, son collègue et ami. Depuis plusieurs années, M. Saulnier s'était enseveli dans la retraite; il est mort vers le commencement de l'année 1838.

SAULNIER (Sébastien-Louis), chevalier de la Légion-d'Honneur, membre correspondant de l'Aca-

(*) Une maladie grave força M. de Sartiges de quitter son château de la Prugne, près de Clermont, pour se rendre aux bains de Bajaruc; mais il touchait au terme de sa carrière : il ne put aller que jusqu'à Lyon, où il expira dans les bras de sa famille.
(AIGUEPERSE, *Biographie* ou *Dictionnaire historique des personnages a' Auvergne.*)
(**) Voyez *Le Conservateur*, journal politique rédigé par ce publiciste célèbre, année 1819, page II, tome 132.

démie des sciences morales et politiques de l'Institut, fils du précédent et neveu de M. Lacretelle, membre de l'Académie française, naquit à Nancy, le 28 février 1790; il a été, antérieurement à la déchéance de Napoléon, d'abord auditeur au conseil-d'état, et puis directeur-général de la police à Lyon, où il a laissé d'honorables souvenirs. Le 6 avril 1815, il fut nommé préfet de Tarn-et-Garonne; le 20 mai suivant, il passa à la préfecture de l'Aude, en remplacement de M. de Rambuteau, appelé à lui succéder à Montauban. Après les cent-jours, M. Saulnier tomba dans la plus complète disgrace.

Depuis 1816, il a fait un voyage scientifique en Egypte, d'où il a rapporté le zodiaque de Denderach, dont plusieurs savans ont donné la description et qui se trouve déposé dans les salles du Louvre. Il a été pendant long-temps le principal éditeur et rédacteur de la *Revue britannique*. Le 10 août 1830, le gouvernement né de la révolution de juillet lui donna la préfecture de la Mayenne et, le 18 septembre 1831, il lui confia les importantes fonctions de préfet de police à Paris; M. Saulnier répondait dignement à la confiance dont il avait été honoré; mais, fatigué des obsessions continuelles de M. Gisquet, alors secrétaire-général de la préfecture qui, appuyé par M. Périer, président du conseil des ministres, voulait agir en maître, il donna sa démission le 15 octobre de la même année.

Pendant sa courte apparition à la préfecture de police, M. Saulnier, qui avait reçu de son oncle (M. Lacretelle), par qui il avait été élevé, des principes philanthropiques, chercha à en faire l'application dans son administration. Il s'occupa activement des moyens

de créer des travaux utiles pour la classe ouvrière. Il
devint ensuite préfet à Orléans, où il est mort, le 23
octobre 1835, après une longue et douloureuse maladie ; il a été vivement regretté dans cette ville et par
tous ceux qui avaient eu des relations avec lui.

SAVOYE-ROLLIN (le baron Jacques-Fortunat),
avocat, ancien membre de la chambre des députés ,
officier de la Légion-d'Honneur, naquit à Grenoble
le 18 décembre 1754; son brillant début au barreau
lui valut la place d'avocat-général au parlement de
Rennes. Il apporta dans ces nouvelles fonctions une
telle précision et une telle clarté que ses conclusions
furent toujours adoptées.

Il salua avec joie l'aurore de notre première révolution ; il la servit et , dans tous les emplois qu'il occupa, il les a remplis avec sagesse et modération.
Sous le consulat, il entra au tribunat; là, il combattit
avec force le projet de loi relatif à la création de la
Légion-d'Honneur; mais , plus tard, ce patriote fut
moins rigide; il vota pour l'anéantissement du gouvernement républicain et pour l'établissement d'un
gouvernement monarchique dans la personne d'un
empereur. Vers la fin de 1804 , il fut nommé procureur-général près la haute-cour impériale ; le 29
juillet 1805 , il devint préfet du département de
l'Eure et , le 2 mars 1806, il fut envoyé à la préfecture de Rouen.

En 1812, accusé d'avoir toléré les malversations
du receveur des octrois de cette ville , cet honorable
magistrat eut à subir une suspension ; sa conduite fut
livrée à une commission d'enquête, et sa justification
fut solennellement prononcée par la cour impériale de

Paris. Dès lors, il rentra en faveur ; on lui donna l'administration de la préfecture d'Anvers. Les habitans de cette vaste cité se rappellent encore avec bonheur leur ancien et excellent préfet.

Depuis 1814, M. Savoye-Rollin n'a plus été employé dans les administrations publiques ; mais, ce qui est plus flatteur pour lui, c'est le mandat dont ses compatriotes l'ont constamment honoré pour les représenter à la chambre élective.

Nous pouvons assurer, d'ailleurs les débats de la chambre en font foi, qu'il est descendu dans la tombe avec la douce consolation d'avoir justifié la confiance de ses commettans. Il mourut, pour ainsi dire, à la brèche, en combattant pour la défense de nos institutions, le 2 août 1823.

Son oraison funèbre fut prononcée par son honorable collègue et excellent ami, M. le général Foy, qui ne lui survécut pas long-temps.

SCEY-DE-MONTBELLIARD (le comte Pierre-Georges de), ancien maréchal-de-camp, chevalier de Saint-Louis, est né en 1771 ; il émigra au commencement de la révolution et ne rentra en France qu'en 1814. Le 10 juin de cette année, il obtint la préfecture du Doubs ; sa conduite à l'égard des officiers de l'ancienne armée lui aliéna les cœurs de ses administrés. Les événemens de 1815 reveillèrent l'humeur belliqueuse de M. le comte ; il se mit à la tête d'une poignée de volontaires royaux Francs-Comtois, pour s'opposer à la marche rapide de Napoléon ; mais voyant la faiblesse de sa démonstration, il congédia ces volontaires, et il se retira. Le 4 décembre 1815, il comparut devant la chambre des pairs, comme témoin à charge dans le procès de l'infortuné prince de la Moscowa ; sa déposition fut assez insignifiante.

Le 1er janvier 1816, il reprit à Besançon ses fonctions de préfet qu'il continua de remplir jusqu'en 1818, et à cette époque aussi il cessa de paraître à la chambre des députés, où il siégeait depuis 1816.

M. le comte eut à supporter en même temps deux disgraces : disgrace du gouvernement, disgrace des électeurs.

SEGUIER (Maximilien), chevalier de la Légion-d'Honneur, né à Beauvais, en 1778 ; il est issu de l'illustre famille de Pierre Seguier, garde-des-sceaux, chancelier et pair de France sous Louis XIII et sous Louis XIV. Durant le cours de sa jeunesse, il fit des voyages scientifiques ; il n'occupa aucun emploi sous le gouvernement impérial.

Le 3 novembre 1814, il fut nommé préfet du Calvados ; il a fait tous ses efforts, en mars 1815, pour conserver ce département à l'autorité du roi ; mais cette tentative devait échouer devant une population dont l'immense majorité était encore dévouée à Napoléon. Cette manifestation de la part de M. Seguier ne demeura pas sans récompense ; au retour du roi et le 12 juillet 1815, il devint préfet de la Somme.

Il existait, à cette époque, une société secrète à Amiens, qui professait des principes politiques opposés à ceux établis dans la Charte constitutionnelle ; le nouveau préfet, au lieu de la dissoudre, la plaça sous sa protection ; mais le gouvernement, instruit de cette infraction à la loi, ordonna la dissolution de cette société ; puis il destitua M. Seguier, qui fut remplacé, le 15 mai 1816, par M. le comte de Lavieuville. Vers la fin de la même année , il rentra en faveur et obtint la préfecture de la Meurthe ; le 19 avril 1820, il fut appelé à celle de la Côte-d'Or. M. d'Arbaud-Jouques , ancien préfet du Gard , qui depuis 1817 se trouvait dans la plus complète disgrace, s'attira la bienveillance du ministère Villèle ; on lui offrit le séjour de Dijon : il accepta et, le 2 juin 1823, parut une ordonnance royale portant sa nomination à la préfecture de la Côte-d'Or, en remplacement de M. Seguier, passé à celle de l'Orne. Le 2 avril 1830 , le ministère Polignac l'envoya à Nevers pour y remplacer M. de Talleyrand, appelé à la préfecture de la Drôme. La révolution de 1830 donna un successeur à M. Seguier et le renvoya à la vie privée.

La biographie des hommes vivans nous apprend que cet ancien préfet est un littérateur et un très-habile helléniste.

SÉGUR-D'AGUESSEAU (le comte Raymond de) , avocat, chevalier de la Légion-d'Honneur, est né à Paris, en 1802 ; il est issu, du côté paternel, d'une très-ancienne famille, et du côté maternel, du célèbre chancelier d'Aguesseau , sous le règne de Louis XV. Le jeune Ségur, après avoir reçu une brillante éducation, s'adonna à l'étude de la jurisprudence ; il prit ses grades à l'Ecole de droit de Paris. Il fut ensuite nommé successivement auditeur au conseil-d'état, substitut du procureur du roi à Compiègne, substitut du procureur-général près la cour royale d'Amiens et substitut du procureur du roi de la Seine ; il occupait ces dernières fonctions, lorsque, le 17 juillet 1833, il devint préfet des Hautes-Pyrérées. Le 2 juillet 1835, il passa à la préfecture du Lot, et enfin, le 24 juillet 1837, par des motifs de convenance, il fut renvoyé à sa première préfecture.

En quittant le département du Lot pour se rendre à Tarbes, M. de Ségur-d'Aguesseau a emporté les regrets de ses administrés, et particulièrement de la classe malheureuse et indigente de la ville de Cahors et de ses environs, dont il était le bienfaiteur, qui conservera long-temps le souvenir de cet estimable administrateur.

A son arrivée à Tarbes, il fut reçu au milieu de la plus vive allégresse; toutes les maisons de cette ville furent pavoisées, des arcs-de-triomphe furent dressés, en un mot, sa réception ne laissa rien à désirer. Mais à la joie la plus vive succède le plus souvent une profonde tristesse et un cruel chagrin : c'est ce qui arriva aux habitans des Hautes-Pyrénées. M. Ségur-d'Aguesseau a été destitué par ordonnance royale du 20 janvier 1838. Cependant il s'est distingué, dans ces deux départemens, par une administration tout à la fois laborieuse, juste et éclairée.

SERS (le baron), commandeur de la Légion-d'Honneur, conseiller d'état en service extraordinaire, est issu d'une famille protestante d'Alsace ; sous le gouvernement impérial, il fut successivement auditeur au conseil-d'état et sous-préfet de l'arrondissement de Spire. Sous la restauration, il occupa les sous-préfectures de Nancy et de Wissembourg; il quitta cette dernière ville pour aller prendre les rênes de l'administration de la préfecture du Haut-Rhin, à laquelle il avait été appelé le 19 janvier 1819.

Le ministère qui succéda à celui de Decazes ne

jugea pas à propos de laisser cet honorable administrateur dans ce département; le 19 juillet 1820, **M.** Sers fut envoyé à la préfecture du Cantal et remplacé dans celle du Haut-Rhin par un ancien héros de Coblentz (M. le comte de Puymaigre).

Il ne fut nullement affecté de cette disgrace ; il se rendit à son nouveau poste sans se plaindre et, par une administration toute paternelle, il sut se concilier l'estime générale des habitans de ce pays. Le 3 mars 1828, sous le ministère Martignac, il passa, à titre d'avancement, à la préfecture du Puy-de-Dôme, d'où il fut transféré à celle de la Moselle , immédiatement après la révolution de 1830; enfin le 20 octobre 1838, M. le baron Sers a succédé à M. le comte de Preyssac, préfet de la Gironde.

Les départemens qui ont été confiés successivement à son administration rendent un éclatant témoignage à sa noble conduite.

SERS (Louis), officier de la Légion-d'Honneur, fils du précédent, ancien sous-préfet de Châlons. Sous la restauration , il était sous-préfet de Compiègne, lorsque, le 21 juin 1831 , il fut nommé préfet des Landes. Le 14 juillet 1833, il passa à la préfecture de la Loire, où il demeura jusqu'au 23 juillet 1837; il fut alors appelé à la préfecture du Bas-Rhin, vacante par l'admission à la retraite de M. Choppin d'Arnouville.

SERVIEZ (Emmanuel), maréchal-de-camp en retraite, naquit à Saint-Gervais, le 27 février 1735; entré fort jeune au service, il était déjà lieutenant-colonel au commencement de la révolution. Il continua sa carrière et parvint en très-peu de temps au grade d'officier-général. En 1793, il fut emprisonné comme suspect; il recouvra sa liberté après le 9 thermidor, et il reprit ses fonctions. Il fit avec la plus grande distinction la campagne d'Italie.

En 1797, après le traité de Campo-Formio, cet officier-général fut admis à la retraite. Le 13 mars 1801, il accepta la préfecture des Basses-Pyrénées ; mais, en 1802, ayant été élu membre du corps législatif, et après avoir remis les rênes de son administration à M. de Castellanne, son successeur, il quitta Pau pour aller remplir son mandat de législateur. Il est mort à Paris, durant le cours de sa législature, le 20 octobre 1804, frappé d'une attaque d'apoplexie foudroyante.

M. Serviez a donné une excellente statistique du département des Basses-Pyrénées, où sa mémoire est encore en grande vénération.

SCHÉE (le comte Henri de), commandeur de la Légion-d'Honneur, pair de France, naquit, le 25 janvier 1739, à Landrecies. Il entra, en 1755, comme cadet au régiment irlandais de *Clarcke* ; il s'éleva par son seul mérite au grade de colonel.

En 1791, il prit sa retraite pour cause d'infirmité. Il rentra dans la carrière militaire sous le directoire, fut nommé général de brigade et il tenta, en 1796, une descente en Irlande, de concert avec les généraux Hoche et Bruix; l'expédition eut lieu, mais elle n'eut pas le succès qu'on en attendait. Il se retira du service en 1797 et sollicita un emploi dans l'ordre administratif.

Le directoire le nomma président perpétuel de la commission intermédiaire établie à Bonn, pour l'administration des pays conquis sur le Rhin ;

il donna dans ces nouvelles fonctions des preuves d'une capacité administrative non commune.

En 1799, il fut investi des fonctions de commissaire-général des quatre départemens du Rhin, et, en 1800, il devint préfet du Mont-Tonnerre ; peu de temps après il entra au conseil-d'état. Le 26 septembre 1802, il fut appelé à la préfecture du Bas-Rhin, qu'il occupa jusqu'en 1810, époque où, par le crédit du duc de Feltre, son neveu, il fut pourvu du titre de sénateur.

Le 4 juin 1814, Louis XVIII l'appela à faire partie de la chambre des pairs et y vota la mort du maréchal Ney (*). M. de Schée, plus qu'octogénaire et sous le poids de graves infirmités, mourut à Paris, le 3 mars 1820.

SIMÉON (le comte Joseph-Jérémie) grand-croix de la Légion-d'Honneur, décoré de l'ordre de St-Hubert de Bavière, pair de France, premier président de la cour des comptes, né à Aix, le 30 septembre 1759, était avocat au parlement de Provence avant la première révolution. En 1790, il accepta les fonctions de procureur-général syndic du département des Bouches-du-Rhône. Vers la fin de 1793, il fut obligé d'aller chercher un asile dans les états de Gènes, pour se soustraire aux persécutions des démagogues.

Il rentra dans le sein de sa famille après la journée du 9 thermidor, et continua d'exercer sa profession d'avocat jusques en 1795, époque à laquelle il entra au conseil des cinq-cents ; là, il fut en butte à deux dénonciations dans le mois de janvier 1796 : l'une

(*) *Histoire de la Restauration.*

de son collègue, Lesage Sénault, qui demanda son exclusion comme émigré ; et l'autre, de plusieurs patriotes de Toulon portant que M. Siméon était un des traîtres qui avaient livré cette ville maritime aux Anglais. Ces dénonciations ne reposant que sur des faits vagues, le conseil passa à l'ordre du jour. Etant président de cette assemblée à l'époque du 18 fructidor, il protesta contre les violences qui avaient été exercées contre lui ; cette courageuse protestation lui valut son inscription sur la liste des proscrits. Il parvint cependant à se soustraire à la rigoureuse mesure qui venait de le frapper, et se rendit ensuite à Oleron. Il fut rappelé de son exil après la chute du directoire et nommé substitut du procureur-général près la cour de cassation. Il devint ensuite tribun et concourut puissamment, en cette qualité, à jeter un grand jour dans les discussions importantes du code civil. Lorsque le premier consul eût résolu de ceindre le bandeau impérial, ce tribun appuya fortement cette résolution (*).

M. Siméon, à dater de cette époque, marcha à pas de géant dans la carrière politique ; il fut successivement créé comte de l'empire, commandant de la Légion-d'Honneur, ministre de la justice et de l'intérieur dans le royaume de Westphalie ; revenu en France par suite des événemens de 1814, le gouvernement du roi lui donna l'administration de la préfecture du Nord, qu'il occupa jusqu'au retour de Napoléon, en mars 1815.

Il siégea à la chambre de cent-jours ; mais, durant ce temps, il ne parut pas une seule fois à la tribune.

(*) *Moniteur*, 10 floréal an XII.

Après la seconde restauration , il fut appelé au conseil-d'état, dont il avait fait précédemment partie; le 24 janvier 1820, il devint sous-secrétaire-d'état au département de la justice et ministre de l'intérieur , le 20 février suivant. Le 25 août 1821 , le roi lui conféra le grand-cordon de la Légion-d'Honneur et l'éleva à la dignité de pair, le 15 octobre de la même année. M. le comte Siméon se retira du ministère le 14 décembre suivant, et fut nommé ministre d'état avec une pension viagère de 12,000 fr. Il est premier président de la cour des comptes depuis le 27 mai 1837.

SIMÉON (le vicomte Balthazard-Joseph), pair de France, officier de la Légion-d'Honneur, décoré de plusieurs ordres étrangers, est fils du précédent; il est né à Aix, le 6 janvier 1781. Il débuta dans les affaires publiques par les modestes fonctions d'auditeur au conseil-d'état; il entra ensuite dans le corps diplomatique et, après avoir été successivement attaché à la légation de France, au congrès de Lunéville et secrétaire d'ambassade à Rome, il se rendit à Stuttgard, en qualité de chargé d'affaires du gouvernement français. Il se trouvait encore dans cette capitale lorsque son père, qui était alors ministre de la justice du royaume de Westphalie, l'appela auprès de lui, avec l'autorisation de l'empereur Napoléon ; M. Siméon fils accéda aux vœux de son père et, à peine arrivé à Cassel, capitale de ce royaume, le roi Jérôme, frère de Napoléon, l'envoya à Berlin comme ministre plénipotentiaire , d'où il passa, au même titre, d'abord à Darmstadt, ensuite à Francfort et à Dresde. Rentré en France avec l'armée française, en 1814, il resta sans emploi; cependant, après le second retour

du roi (juillet 1815), il reçut de ce monarque le titre
honorifique de maître des requêtes en service extraordinaire et la préfecture du Var. Le 27 mars 1818, il
fut appelé à succéder à M. Villiers du Terrage, préfet
du Doubs ; mais, le 10 juillet suivant, il passa à la
préfecture du Pas-de-Calais, en remplacement de M.
Malouet, nommé préfet de la Seine-Inférieure. M. Siméon venait d'accomplir la sixième année de son administration à Arras, lorsqu'il fut frappé tout-à-coup
de la disgrace ministérielle ; il fut remplacé le 1er
septembre 1824 et fut vivement regretté. Le 13 janvier 1828, sous le ministère Martignac, il obtint la
direction des belles-lettres, sciences et beaux-arts ;
mais, à l'apparition du ministère Polignac, il s'empressa de donner sa démission. M. le vicomte est revêtu de la dignité de la pairie, depuis le 11 septembre 1835.

SIMÉON (Henri), chevalier de la Légion-d'Honneur, fils du précédent, fut nommé auditeur au conseil-d'état en 1826. Le ministère Polignac l'envoya, en
1829, à Rome, chargé d'une mission dont nous n'avons
jamais été à même d'apprécier l'importance. En
septembre 1830, il devint préfet de Vosges ; le 12 novembre 1835, il passa à la préfecture du Loiret, où
il s'est maintenu jusqu'à cette époque au milieu de
nombreuses tribulations, grâce au crédit de son aïeul
et de son père.

SOLÈRE, a été sous-préfet de Melle, sous le règne
de la branche aînée des Bourbons ; le 12 août 1830,
il devint préfet des Deux-Sèvres. Il ne fit que passer à

cette préfecture, il fut révoqué vers le commencement de 1831.

STASSART (Goswind-Joseph-Augustin, baron de),
officier de la Légion-d'Honneur, est né à Malines, le
2 septembre 1780; après avoir terminé ses classes au
collége de Namur, il débuta dans la carrière des
lettres, toujours laborieuse, mais souvent ingrate.
Ses premiers essais furent assez heureux. Vers la fin
de 1802, il vint à Paris pour suivre les cours de l'université de jurisprudence; en 1803, le premier prix
d'éloquence lui fut décerné et, l'année suivante, il eut
le même succès pour la plaidoirie et pour la législation criminelle.

Entré ensuite au conseil-d'état, M. de Stassart,
auditeur, fut chargé de plusieurs missions importantes dont il s'acquitta dignement. Plus tard, il devint
intendant d'Elbing (Prusse); après le traité de Tilsit,
il fut envoyé dans le duché de Varsovie pour y recueillir les réclamations des habitans de ce pays à la charge
des Prussiens. Les Français ayant repris les rênes de
l'administration dans les provinces prusiennes, l'ex-
intendant d'Elbing passa successivement à l'intendance de la Prusse-Occidentale et à celle de la Moyenne-
Marche à Berlin.

M. de Stassart rentra en France vers le commencement de 1809; il fut nommé sous-préfet d'Orange
et, en 1810, préfet à Avignon; un an après, le gouvernement l'appela à l'importante préfecture des
Bouches-de-la-Meuse; là, son administration fut laborieuse et pénible; mais par la fermeté de son caractère, il surmonta tous les obstacles. Les événemens
survenus dans ce pays vers la fin de 1813 le forcèrent

de se retirer et de rentrer en France ; arrivé à Paris, il se mit à la disposition du prince Joseph, chargé de la défense de la capitale, et, le 30 mars 1814, il vola aux batteries.

Napoléon ayant abdiqué et Louis XVIII ayant été proclamé roi de France, M. de Stassart, dégagé de ses sermens, accepta les fonctions de chambellan de l'empereur d'Autriche que ce monarque lui offrit en récompense de sa noble conduite dans le Tyrol. Après avoir passé quelques mois à Vienne, il quitta cette capitale pour se rendre dans sa patrie ; mais, en route, il apprit que Napoléon était remonté sur le trône ; alors il changea l'itinéraire de son voyage et il se dirigea sur Paris.

A son arrivée, M. de Stassart fut reçu par l'empereur avec les marques de la plus grande bienveillance ; S. M. le chargea d'une mission délicate auprès de l'empereur d'Autriche. M. de Stassart, plein de zèle et de dévouement, partit ; mais n'ayant pu parvenir à sa destination, il revint à Paris. Après la seconde restauration, il rentra dans ses foyers où il s'occupe de littérature et d'agronomie.

M. de Stassart a laissé d'honorables souvenirs dans les pays qu'il a administrés. Avignon lui doit de superbes monumens, promenades, etc. , et Orange une bibliothèque publique, dont il forma le noyau par le don de 3,000 volumes.

SUGNY (N) était administrateur du département du Loiret, sous le directoire. Les consuls, par leur arrêté du 3 mars 1804, le nommèrent préfet du Puy-de-Dôme. Cet homme de bien, fonctionnaire intègre et habile, descendit dans la tombe, vers la fin du mois d'avril 1804, justement regretté des Clermontois et de toute la population de ce département.

SULEAU (le vicomte Elysée de), officier de la Légion-d'Honneur, chevalier de Saint-Louis; il embrassa la carrière militaire et a été pendant quelques années aide-de-camp du lieutenant-général Lagrange.

En 1814, il se retira du service et devint sous-préfet de Gannat; il reçut le titre de vicomte deux ans après. Dans le mois de septembre 1820, il partit de Gannat pour aller prendre possession de la sous-préfecture de Forcalquier; ensuite il passa successivement à celles de Beaune et de Compiègne.

Le 9 janvier 1822, M. le vicomte obtint la préfecture de la Corse; lors des élections de 1823, il employa tous les moyens qui étaient en son pouvoir pour faire échouer la candidature de M. le général Sébastiani; il y réussit. Le 7 avril 1824, il fut appelé à la préfecture du Vaucluse et, en août suivant, il fut décoré de la croix d'officier de la Légion-d'Honneur, en récompense de son succès électoral de l'année précédente. Le 18 juillet 1827, le gouvernement l'envoya administrer le département de la Vendée, en remplacement de M. de Curzai, nommé préfet d'Ille-et-Vilaine; enfin, le 27 janvier 1828, il passa à la préfecture de la Moselle.

M. Calmon, directeur-général des domaines, ayant été destitué, le 2 avril 1830, par suite du changement dans le système politique du gouvernement, M. le préfet de la Moselle lui succéda; mais, le 4 août suivant, M. Suleau fut à son tour remplacé par M. Calmon, rappelé à ses fonctions par le lieutenant-général du royaume. M. le vicomte, complètement dis-

graci é , se retira en son château de Launoy , dans le
département de Saône-et-Loire. Il est revenu , depuis
quelques années , à Paris, où il est l'un des directeurs
de la compagnie générale d'assurance pour la libéra-
tion du service militaire , établie rue de la Chaussée-
d'Antin, n° 44.

T

TALLEYRAND-PÉRIGORD (le baron Alexandre
de), pair de France, commandeur de la Légion-
d'Honneur, cousin-germain du prince Talleyrand ,
duc de Bénévent, ancien ministre des affaires étrangères de l'empereur Napoléon et de Louis XVIII ,
ambassadeur de Louis Philippe à Londres pendant
quelques années , est né à Paris en 1776. Il fut destiné à l'état ecclésiastique , mais les événemens politiques le poussèrent dans une autre carrière ; il se
trouvait à Naples lorsque la république française
menaça ce pays ; il entra dans l'armée Napolitaine et
devint major. Rentré en France , sous le gouvernement impérial , il accepta les fonctions de maire de
sa commune (La Ferté-Saint-Aubin) et celles de
membre du conseil-général du département du Loiret. Le 22 avril 1814, il fut nommé , par le gouvernement du roi , préfet de ce département ; il abandonna les rênes de son administration avant le
retour de l'empereur Napoléon à Paris; il resta fidèle aux Bourbons et suivit le roi à Gand , qui l'envoya à Vienne chargé d'une importante mission auprès du Congrès réuni dans cette capitale.

De retour en France avec la famille royale , il reprit
ses fonctions de préfet à Orléans , où il se signala par

une vive résistance aux exactions de l'armée Prus-
sienne cantonnée alors dans le Loiret.

Les insolens vainqueurs qui se disaient nos alliés s'emparèrent de la personne de ce fonctionnaire
du roi et le retinrent prisonnier pendant quelques
jours.

Vers la fin de 1815, il reçut le titre de conseiller
d'état et fut élu, par le collége électoral du Loiret,
membre de la chambre des députés.

En février 1816, il fut nommé commissaire du roi,
à l'effet de procéder à l'installation de la cour royale
d'Orléans; il donna à cette cérémonie tout l'appareil
dont elle était susceptible et la termina en faisant
livrer aux flammes, sur la place d'Armes de cette
ville, le drapeau aux trois couleurs qui se trouvait
rélégué à la mairie, et qui jusqu'alors avait été res-
pecté (*). Le 5 février 1817, il fut appelé à la préfecture du département du Vaucluse; il la refusa.

Le 9 janvier 1822, il passa à la préfecture de l'Allier; le 27 juin 1825, il rentra de nouveau dans la
vie privée et n'en sortit que le 12 novembre 1828,
pour aller administrer la préfecture de la Nièvre, d'où
il passa, le 2 avril 1830, à celle de la Drôme. Le 14
mai 1831, il fut nommé préfet du Pas-de-Calais, où
il fut remplacé par M. Nau de Champlouis, le 23 mars
1833. Depuis cette époque, il a été ministre plénipotentiaire à Florence, à Hambourg, à Stockholm et à
Copenhague, où il a été remplacé, le 18 juin 1838,
par M. Alexis de Saint-Priest. Par ordonnance du
même jour, M. de Tailleyrand a été élevé à la dignité
de pair de France.

(*) Voyez *Moniteur*, année 1816, n° 59, 1re page.

TARGET (N), officier de la Légion-d'Honneur, né à Lisieux, fut nommé préfet du Calvados, le 5 août 1830, par M. Guizot, son compatriote, alors commissaire au département de l'intérieur.

En arrivant à Caen, ce nouveau préfet a prévenu les habitans de ce pays que son administration serait forte sans être violente, et juste sans être faible; que les seuls biens dont il soit avide c'est, en rentrant dans la vie de famille et dans le repos domestique, d'y rapporter une bonne conscience, l'estime et les regrets de ses administrés.

Nous applaudissons bien sincèrement aux intentions très-louables du protégé de M. Guizot et nous souhaitons ardemment qu'il les réalise.

TACSIN DE NONNEVILLE (le vicomte), commandeur de la Légion-d'Honneur, né à Orléans en 1779, fut d'abord auditeur au conseil-d'état près la direction des vivres; il fut ensuite nommé inspecteur-général des vivres à l'armée d'Espagne et rentra en France avec elle en 1814.

Durant les cent-jours de 1815, il fut secrétaire-général de la préfecture des Landes; il n'en obtint pas moins les faveurs du pouvoir royal après la seconde restauration : il devint successivement préfet de la Loire, d'Indre-et-Loire et du Vaucluse, et de plus maître des requêtes en service extraordinaire.

Depuis la révolution de 1830, M. le vicomte vivait retiré dans sa terre du Colombier, près d'Orléans, où il est mort d'une attaque d'apoplexie foudroyante, dans la nuit du 29 au 30 octobre 1834.

TEISSIER (le chevalier), chevalier de la Légion-d'Honneur, a été sous-préfet de Thionville sous le règne de la branche aînée des Bourbons ; il était sous-préfet de Saint-Etienne depuis l'avènement de la branche cadette ; fatigué de n'être qu'un administrateur intermédiaire, il réclama et réussit à se faire nommer, le 30 octobre 1832, préfet de l'Aude. Il donna dans ce nouveau poste de fortes garanties sur sa capacité administrative ; mais, il fut arrêté dans ses travaux par une maladie aiguë qui l'entraîna au tombeau le 5 février 1834. M. Teissier était membre ou correspondant de plusieurs sociétés savantes ; on lui doit plusieurs ouvrages recommandables, et entre autres une *Histoire de Thionville* et une *Biographie de Messine*. Le 31 juillet 1829, il lui fut décerné, par l'Académie royale des inscriptions et belles-lettres, une médaille d'or, comme auteur d'un mémoire sur les *Antiquités de la France*.

TERRAY, officier de la Légion-d'Honneur, inconnu jusqu'à la première restauration. Plusieurs biographes assurent qu'il est parent du célèbre abbé de ce nom, contrôleur général des finances sous Louis XV.

Le 11 juin 1814, M. Terray obtint la préfecture de la Côte-d'Or qu'il fut forcé d'abandonner à la rentrée de Napoléon. Il demeura sans fonctions durant les cent-jours de 1815 et le restant de l'année.

Le 17 février 1816, il devint préfet de Loir-et-Cher ; trois ans après, sous le ministère Decazes, on lui donna un successeur. Il s'est définitivement éclipsé de la scène politique.

TEXIER-OLIVIER (le baron de), officier de la Légion-d'Honneur ; commissaire du directoire près l'administration centrale d'Indre-et-Loire , lorsqu'il fut nommé par les électeurs de ce département membre du conseil des cinq-cents, en 1797; il se fit remarquer dans cette assemblée par l'indépendance et la noblesse de son caractère ; il en devint l'un des secrétaires le 21 mai 1798. Il aida de tout son pouvoir au succès de la journée du 18 brumaire ; le premier consul lui tint compte de sa conduite dans cette circonstance.

Le 3 mars 1800, il devint préfet des Basses-Alpes et le 18 ventôse an X (9 mars 1802), il passa à la préfecture de la Haute-Vienne ; il administra ce département, où il a laissé d'honorables souvenirs , jusqu'à la déchéance de l'empereur Napoléon en 1814. Il reprit ses fonctions en avril 1815 , qu'il cessa de remplir en juillet suivant , époque dela seconde rentrée des Bourbons.

THÉIS (le baron Alexandre-Etienne-Guillaume de), chevalier de la Légion-d'Honneur, a été maire de Laon, sa ville natale, et conseiller de préfecture de l'Aisne, sous le gouvernement de Napoléon; il fut secrétaire-général de cette même préfecture durant quelques années de la restauration. Le 7 août 1830, le lieutenant-général du royaume appela M. de Théis à l'administration du département de la Haute-Vienne; ce nouveau préfet, par ses manières polies et affables, et surtout par la sagesse de son administration, sut en peu de temps se faire estimer et chérir des Limousins. Mais une cruelle catastrophe survenue dans le sein de sa famille en 1833, dont ce département et particulièrement la ville de Limoges conservent encore le douloureux souvenir, détermina cet honorable magistrat à donner sa démission. M. de Théis est auteur de plusieurs ouvrages littéraires fort estimés, parmi lesquels on cite : 1° *Voyage de Polyclète* ; 2° la *Politique des nations.* Ce dernier ouvrage a paru en 1828.

THIBAUDEAU (le comte Antoine-Claire de) , commandeur de la Légion-d'Honneur, né à Poitiers le 23 mars 1765 ; il était avocat et officier municipal en cette ville, lorsqu'il fut élu par ses compatriotes député à la convention nationale ; il vota la mort de Louis XVI, mais il se prononça pour l'appel au peuple et pour le sursis. Envoyé ensuite en mission dans plusieurs départemens, sa conduite y fut des plus honorables et sa modération lui suscita de puissans ennemis dans le parti exagéré de la convention, connu sous la dénomination des Montagnards. Il fut rappelé après le 31 mai, époque fatale pour lui : son père périt sur l'échafaud victime des excès révolutionnaires de ce même parti. Après le 9 thermidor, ce représentant devint membre du comité de sûreté générale et se montra, dans ces nouvelles fonctions ami de l'ordre ; il déploya un zèle ardent afin d'effacer les malheurs causés par l'anarchie et montra un courage héroïque à la sanglante journée du 1er prairial (20 mai 1795).

Le 13 vendemiaire an IV , il s'opposa vivement aux efforts des sections de Paris et ne contribua pas peu par sa vigoureuse énergie au triomphe de la convention ; le 15 du même mois (7 octobre 1795), il entra au comité du salut public. Elu au conseil des cinq-cents par trente-deux départemens à la fois, il y apporta le même esprit de sagesse et de modération. Il fut du nombre des proscrits à la journée du 18 fructidor, mais il parvint à se sauver. Le 3 mars 1800, il devint préfet de la Gironde; le 22 septembre suivant, il fut appelé au conseil-d'état, section de législation, où il se montra l'un des plus opposés au concordat.

Lorsque Napoléon lui objecta, sur sa proposition de faire la France protestante, qu'une moitié accepterait, mais que l'autre moitié en résistant amènerait la guerre civile, il repliqua : « Si nous avions raisonné » ainsi en 1789, l'assemblée constituante aurait re- » culé devant la féodalité, et la convention nationale » devant la royauté et la dynastie. Toute révolution » politique et religieuse provoque des résistances que » le temps et l'énergie compriment. » Le 23 avril 1803, il devint préfet des Bouches-du-Rhône et, quelques temps après, il reçut de l'empereur Napoléon le titre de comte de l'empire et la croix de commandant de la Légion-d'Honneur. Il perdit sa préfecture, où sa mémoire est encore vénérée, immédiatement après la déchéance de Napoléon, en 1814. En mars 1815, M. le comte de Thibaudeau reparut sur la scène politique : il fut commissaire extraordinaire de l'empereur dans la 28ᵉ division militaire et créé pair de l'empire.

Frappé par la loi du 12 janvier 1816, cet ex-conventionnel se réfugia en Allemagne.

La biographie des préfets publiée en 1826 annonce que M. Thibaudeau est mort à Pragues, en 1823; mais nous, mieux informés, nous pouvons garantir qu'il est rentré de l'exil en 1830; qu'il se trouvait à Paris en 1831; qu'il assista aux obsèques de M. l'abbé Grégoire, son ancien collègue à la convention, et qu'il prononça à cette occasion un discours dont il a été rendu compte par les journaux.

Il a obtenu du roi des Français une pension de
6,000 francs.

M. Thibaudeau a fait paraître en 1824 des Mémoires
sur la convention et le directoire, ouvrage en 2 vol.
in-8° très-estimé. Il a publié, en 1835, un autre
ouvrage sous le titre : *Histoire de France de 1799 à
1815.*

THIERRY (Amedée), nommé préfet de la Haute-
Saône, le 6 août 1830.

THIESSÉ (Léon), officier de la Légion-d'Honneur,
ancien rédacteur du *Constitutionnel,* fils de M. Thiessé,
ancien membre du conseil des cinq-cents et du tribunat, est né le 9 septembre 1793, à Rouen. Après
avoir terminé ses études avec le plus grand succès, à
l'âge de dix-huit ans, au lycée de cette ville, il vint à
Paris, où il se consacra à la littérature ; il a travaillé
depuis 1815 à divers journaux. Le commencement de
sa réputation littéraire date de la publication de ses
lettres Normandes, qui parfois lui ont attiré la sévérité du pouvoir. Il est en outre auteur de plusieurs
autres ouvrages parmi lesquels on cite les *Catacombes
de Paris,* et un résumé de l'*Histoire de Pologne.*
Il était sous-préfet à Brest depuis la révolution de
1830 ; le 27 janvier 1831, il fut appelé à la préfecture
du Jura, vacante par la destitution de M. Pons de
l'Hérault, et, le 14 juillet 1833, il passa à la préfecture des Deux-Sèvres, en remplacement de M.
Heim, nommé à celle du Jura. Il a été transféré à
celle des Basses-Alpes, le 20 octobre 1838.

THIEULLEN, a été auditeur au conseil-d'état, sous-

préfet de Corbeil , sous le gouvernement impérial et,
sous la restauration , sous-préfet de Dieppe et de Saint-
Pol : le ministère Villèle lui envoya un successeur vers
le commencement de 1822. Dans le mois d'août 1830 ,
il fut appelé successivement à la sous-préfecture du
Hâvre et à la préfecture des Côtes-du-Nord , où il est
en ce mom ent.

TOCQUEVILLE (le comte Hervé-Louis-François-
Jean-Bonaventure-Clezel de), officier de la Légion-
d'Honneur , commandeur de l'ordre du mérite civil
dit de la Couronne (Bavière) et décoré de l'ordre de
l'Aigle-Rouge de Prusse, né le 3 août 1772 , administra
sa commune pendant quelques années, sous le gouvernement impérial.

Le 18 juin 1814, il débuta dans la haute administration par la préfecture de Maine-et-Loire ; mais
le retour de Napoléon, en mars 1815, vint le contra-
rier dans son début : il fut destitué.

Le trône royal fut relevé, M. de Tocqueville se re-
leva aussi et obtint la préfecture de l'Oise , par ordonnance du 12 juillet suivant ; ici ce préfet, quoique entièrement opposé aux opinions des napoléonistes,
s'honora par un noble refus. Les Prussiens occupaient
alors ce département ; leur général demanda à ce magistrat la remise des registres où étaient apposées les
signatures de ceux de ses administres qui avaient ap-
prouvé les actes additionnels. M. le préfet se refusa formellement à faire cette remise. Le 31 janvier
1816, il passa à la préfecture de la Côte-d'Or ; les
Dijonnais s'accordent à dire que, durant le cours de
sa courte administration dans leur pays, il fut assez
tolérant. Le 19 février 1817, il devint préfet de la

Moselle; le 27 juin 1825, il fut transféré dans le département de la Somme, où il resta trois ans. M. Destouches, préfet de Seine-et-Oise, vint à mourir; M. le préfet de la Somme fut appelé à le remplacer. Il était écrit que M. le comte de Tocqueville, l'un des fonctionnaires les plus dévoués au système du ministère déplorable, devait monter plus haut : effectivement, son patron Villèle ayant fait une fournée de pairs, le 5 novembre 1827, il fut élevé à cette dignité, qu'il a perdue depuis la révolution de 1830. Il était aussi gentilhomme honoraire de la chambre du roi depuis 1825, et conseiller-d'état en service extraordinaire depuis 1823.

THOMAS, conseiller-d'état en service ordinaire, commandeur de la Légion-d'Honneur, né à Marseille en 1776; il a été pendant les dernières années du règne de Charles X membre de la chambre des députés, où il comptait au nombre de 221 qui, en 1830, votèrent contre l'adresse. Le 10 août de la même année, il devint préfet dans sa ville natale; le 11 juillet 1836, il fut nommé commandeur de la Légion-d'Honneur et remplacé dans sa préfecture, le 13 du même mois; en compensation, il obtint la place de conseiller d'état en service ordinaire. En septembre 1838, il a obtenu une pension de 5,057 francs.

THOMAS (Théodore), chevalier de la Légion-d'Honneur, était simple commis à la Halle aux Farines à Paris lorsque la révolution de juillet éclata; son beau-frère (M. Barthe), devenu puissant par l'effet de cette révolution, ne pouvait convenablement le laisser à un si modique emploi qui ne lui rappor-

tait annuellement que huit cents francs. Voilà donc
M. Thomas secouant ses habits et en route pour
Sédan , où il alla occuper les fonctions de sous-préfet; il ne pouvait contenir sa joie : habit brodé et
2,200 francs de plus par an !

Mais il ne devait pas s'arrêter en si beau chemin ;
après un surnumérariat administratif de près de trois
ans, M. le sous-préfet de Sédan devint préfet de la
Corrèze, le 22 juillet 1833 , toujours par la toute
puissance de l'illustre beau-frère.

Il s'est distingué à Tulle par sa vive opposition à
l'élection de M. de Valon, ancien maire de cette
ville, candidat légitimiste, nommé député en 1857.

A l'apparition de l'ordonnance royale du 20 octobre 1838 , nous n'avons pas été étonné d'y voir figu-
rer M. Thomas, appelé, à titre d'avancement, à la
préfecture de la Sarthe; mais, nous le confessons,
nous nous attendions à quelque chose de mieux pour
le beau-frère de notre garde-des-sceaux.

TONDUT (N), avocat , ancien procureur général à
la cour royale de Metz , a été secrétaire-général de la
préfecture de Saône-et-Loire , sous la restauration.
Le 12 août 1830 , il devint préfet de l'Ain ; mais plus
propre aux fonctions judiciaires qu'à l'administration
d'une préfecture , le gouvernement lui donna un successeur, le 12 mars 1831, et le nomma procureur-général à Metz. Il y mourut d'une atteinte de choléra , en
septembre 1832.

TOURANGIN (Victor), officier de la Légion-d'Honneur, fut nommé préfet de la Sarthe , le 5 août 1830 ,
et il passa à la préfecture de Doubs, le 14 juillet 1833.

De nombreux et funestes accidens nocturnes occasionnés par l'ivresse ayant eu lieu dans ce département, M. Tourangin aurait cru manquer essentiellement à son devoir si, dans cette malheureuse circonstance, il n'avait usé du pouvoir que les lois lui donnent pour en empêcher le retour. En conséquence, dans le courant du mois de janvier 1835, il prit un arrêté sur la police des cabarets et autres lieux publics, qu'il s'empressa d'adresser à MM. les sous-préfets et maires de son ressort. Cet envoi fut accompagné d'une circulaire de ce magistrat, non-seulement pour démontrer la nécessité des mesures que son arrêté renfermait, mais encore pour en ordonner la plus stricte exécution. La sollicitude de M. le préfet, puissamment secondée par ses subordonnés, a produit un bien immense dans presque toutes les communes du département du Doubs. M. Tourangin, dont nous ignorons les antécédens, jouit de la réputation d'un homme de bien et d'un fonctionnaire actif et éclairé.

TOURNON-SIMIANE (le comte Philippe-Camille-Casimir-Marcellin de), grand-officier de la Légion-d'Honneur, chevalier de St-Louis, pair de France, issu d'une très-ancienne famille de Provence, naquit à Apt (Vaucluse), le 25 juin 1778. Sa carrière dans le monde politique date de l'année 1808 ; à cette époque il entra au conseil-d'état comme auditeur, et fut nommé intendant à Bareutts. En 1809, il fut fait prisonnier dans cette ville par les Autrichiens, qui le conduisirent en Hongrie ; il n'y resta pas long-temps.

Rentré en France, l'empereur Napoléon lui confia l'importante administration de la préfecture de Rome, qu'il occupa jusqu'aux événemens de 1814.

Deux préfectures lui furent successivement données pendant les cent-jours; il les refusa. Après la seconde restauration, le 12 juillet 1815, le gouvernement du roi le nomma préfet de la Gironde ; le 9 janvier 1822, il fut appelé à la préfecture du Rhône et nommé commandeur de la Légion-d'Honneur. Il donna sa demission de préfet le 8 janvier 1823 et, le 23 décembre suivant, il fut créé pair de France.

En 1825, le gouvernement lui donna la présidence du conseil des bâtimens civils et, en novembre 1828, il reçut du roi l'étoile de grand-officier de la Légion-d'Honneur.

Il est mort à Ginelard, département de Saône-et-Loire, chez M. Meynaud-de-Paincemont, son beau-père, dans le mois de juin 1833.

M. le comte de Tournon est auteur d'un excellent ouvrage intitulé : *Etudes statistiques de Rome.*

TREILHARD (le comte), chevalier de la Légion-d'Honneur, fils de l'ancien membre du directoire de ce nom, avait été pendant quelques années, avant la déchéance de l'empereur Napoléon, auditeur au conseil-d'état et secrétaire-général de la préfecture de la Seine. Durant les cent-jours de 1815, il administra le département de la Haute-Garonne.

Privé de toute fonction sous le règne de la dynastie déchue, il n'a reparu sur la scène politique qu'après la révolution de juillet 1830.

En 1831, il se prononça en faveur de l'hérédite de la pairie. Il a été successivement préfet du département de la Seine-Inférieure et préfet de police à Paris, pendant quarante-cinq jours. Il fut nommé conseiller à la cour royale de Paris, le 26 décembre

1830, et il reçut à cette époque la décoration de la Légion-d'Honneur.

M. le comte Treilhard se retira de la cour royale, par démission, en avril 1831.

TRÉMONT (Louis-Philippe-Joseph Girod-Vienney, baron de), officier de la Légion-d'Honneur, fut d'abord auditeur au conseil-d'état; le 30 novembre 1810, il devint préfet de l'Aveyron; il administra ce département jusqu'en 1814.

Ls 22 mars 1815, l'empereur lui confia la préfecture des Ardennes, qu'il perdit le 14 juillet suivant. Sans emploi durant les quinze années du règne de la branche aînée des Bourbons, M. de Trémont ne reparut sur l'horizon politique qu'après l'avènement de la branche cadette, comme préfet de la Côte-d'Or, où il ne resta pas long-temps, ayant été remplacé par M. Chaper, le 22 octobre 1831. La destitution de notre préfet, dit le *Journal de la Côte-d'Or*, est honorable.

TRIBERT (Jean-Louis); avant les événemens de 1814, il fut sous-préfet de Bressuires, préfet de la Loire pendant les cent-jours.

Membre de la chambre des députés sous la restauration, il fit partie de l'opposition libérale. Dans la session de 1830, il vota pour l'adresse. Il est encore député et membre du conseil-général des Deux-Sèvres depuis la révolution de 1830.

TROUVÉ (le baron Claude-Joseph), officier de la Légion-d'Honneur, imprimeur à Paris, est né à Cha-jonnes le 24 septembre 1768; il embrassa avec en-

thousiasme la cause de la révolution. En 1792 , il fut
l'un des principaux rédacteurs du *Moniteur*, et en
devint le rédacteur en chef un an après ; le 2 novembre 1795 , il fut nommé secrétaire-général du directoire ; il donna sa démission le 6 du même mois , et
reprit la rédaction du *Moniteur*. En 1797, il fut envoyé
à Naples en qualité de premier secrétaire d'ambassade et , en 1798 , il fut nommé ambassadeur à
Milan. Vers la fin de la même année , le général
Lahoz , envoyé extraordinaire de la république Cisalpine , dénonça au directoire français M. Trouvé , en
l'accusant de soutenir un comité de scélérats et d'in-
novateurs qui se rassemblaient à son hôtel à Milan ,
et conspiraient contre la constitution Cisalpine. Cette
dénonciation ne fut pas accueillie aussi favorablement
que l'espérait son auteur. Cependant le directoire ne
crut pas devoir laisser l'ambassadeur Trouvé à Milan ;
il le fit remplacer par M. Fouché et l'envoya , avec
les mêmes fonctions, à Stuttgard. A p ine arrivé à son
nouveau poste , il fut obligé de le quitter sur l'ordre
qui lui en fut donné par le prince Charles. Au moment
où un adjudant-général lui signifiait l'ordre de sortir
du Wurthemberg , trois régimens autrichiens cer-
naient Stuttgard ; il fut escorté jusqu'aux avants-postes
français et revint à Paris.

Aussitôt que M. Trouvé fut arrivé dans cette capitale , il fut vivement attaqué au conseil des anciens
par le représentant Bertrand du Calvados , relative-
ment à sa conduite diplomatique ; il l'accusa d'avoir
exaspéré les alliés de la république française par des
concussions de toute nature , d'avoir proscrit les
républicains et de les avoir despotiquement destitués
pour les remplacer par des traîtres. Le représentant

Briot proposa au même conseil qu'il fût fait un message au directoire pour lui demander compte des poursuites qui devaient être dirigées contre l'ex-ambassadeur Trouvé , pour avoir violé la constitution Cisalpine et le traité d'alliance fait avec cette puissance.

Cette proposition fut adoptée par le conseil, et le directoire répondit à ce message qu'il avait chargé le ministre des relations extérieures de faire un rapport sur la conduite de cet ex-ambassadeur ; mais peu de temps après le gouvernement directorial ayant été renversé , les choses en restèrent là.

Le 26 décembre 1799 , M. Trouvé entra au tribunat et , le 22 juin 1803, il devint préfet de l'Aude ; il administra cette préfecture au nom de Bonaparte, premier consul de la république, de Napoléon, empereur des Français, et de Louis XVIII , roi de France. Les événemens de mars 1815 lui causèrent sa disgrace , l'empereur Napoléon ne voulut plus de ses services.

Cette circonstance lui fut d'un grand mérite auprès du gouvernement royal qui , ayant ressaisi le pouvoir, lui confia de nouveau la préfecture de l'Aude ; mais il ne la conserva pas long-temps.

On attribue sa destitution, arrivée le 26 septembre 1816, à son opiniâtre résistance aux instructions ministérielles, pour l'exécution de l'ordonnance royale du cinq du même mois , relative à la dissolution de la chambre des députés, surnommée l'introuvable. Rentré dans la vie privée , cet ex-préfet se fit imprimeur. Le 25 août 1829, sous le ministère Polignac, il fut nommé maître des requêtes en service extraordinaire ; en février 1830, il fut appelé au ministère de l'intérieur comme chef de la division des sciences,

beaux-arts, théâtres et belles-lettres. Il fut destitué
,en août suivant.

M. Trouvé, ultra-royaliste sous les Bourbons, est
connu dans la république des lettres par sa belle ode
sur l'égalité dont il fit hommage à la convention nationale, en 1793, et par la prose éloquente du *Conservateur* dont il était l'éditeur responsable sous la
restauration.

V

VAISNE (le comte Jean-Marie-Eusèbe-Isidore de),
pair de France, chevalier de la Légion d'Honneur, né
à Paris le 9 mars 1770, apparut sur la scène politique
après le 18 brumaire : il fut nommé conseiller d'état,
section des finances, et ensuite directeur-général de
l'administration des sels et tabacs dans les départemens au-delà des Alpes, et chevalier de la Légion-
d'Honneur. Il se trouva sans fonctions lors des événemens de 1814; mais, le 15 octobre même année, le
gouvernement du roi lui confia la préfecture de la
Meuse.

En mars 1815, ce préfet mit un grand empressement à faire publier dans toute l'étendue de son département les proclamations de Napoléon, et fit ré-
pandre des exemplaires avec profusion; aussi partout
la nouvelle du 20 mars se répandit-elle avec la rapidité de l'éclair. Cependant ce monarque lui donna un
successeur. M. de Vaisne, confus et humilié de sa disgrace, céda sa préfecture à M. Cochelet et se retira.

Les Bourbons revinrent : il reparut sur la scène politique et fut appelé à la préfecture de la Nièvre, le
12 juillet 1815, qu'il perdit en 1822, sous le ministère

Villèle. Tous ceux qui ont eu des relations avec cet ancien administrateur s'accordent à dire que c'est un homme instruit et professant des opinions pleines de modération. Il est depuis la révolution de 1830 conseiller d'état honoraire et a été promu à la dignité de pair, le 12 octobre 1832.

VALDENUIT (le baron Bluget de), chevalier de la Légion-d'Honneur, administrateur de la restauration aussi obscur que son nom, débuta dans la carrière administrative, en juillet 1814, par la sous-préfecture de Lunéville; le 2 août 1815, il fut appelé à celle de Châteaudun. Le 25 août 1820, il devint préfet de la Charente; le 27 juillet 1821, il passa à la préfecture de la Lozère, et enfin, le 12 novembre 1828, il fut transféré à celle du Jura. M. de Valdenuit perdit sa préfecture en août 1830. Il a obtenu, le 15 juin 1834, une pension de 5,946 francs.

VALSUZENAY (le baron Louis-Claude Bruslé de), conseiller d'état en service extraordinaire, officier de la Légion-d'Honneur. Il était procureur au parlement de Paris avant la révolution. Il parcourut ensuite la carrière des armes qu'il quitta pour entrer dans l'administration civile; en 1795, il fut nommé commissaire du gouvernement à Anvers. En 1797, il fut appelé à siéger au conseil des cinq-cents; après la chute du directoire et à la création des préfectures, il obtint celle de l'Aube; mais de sérieuses contestations s'étant élevées entre le préfet et le conseil-général de ce département, ce magistrat demanda son changement. Le 12 février 1810, il passa à la préfecture de l'Oise; le 10 juin 1814, il devint préfet de la Gironde,

où il se trouvait lorsque la famille royale fut de nouveau obligée d'aller chercher un asile chez l'étranger,
en mars 1815. Aussitôt que l'autorité de l'empereur
fut rétablie, M. de Valsuzenay, qui se trouvait très-
bien à Bordeaux, se rendit à Paris, fit les plus actives
démarches auprès du nouveau pouvoir afin de conserver ce poste ; mais ses pressantes supplications et
ses belles protestations de dévouement et de fidélité
ne produisirent pas le résultat qu'il en attendait : M.
Fauchet lui succéda. Le trône impérial ayant croulé
de nouveau, M. de Valsuzenay comptait revenir parmi
les Bordelais ; il ne tarda pas à savoir que son espoir
n'était qu'une vaine illusion : l'ordonnance royale du
12 juillet 1815 lui apprit qu'il était appelé à l'administration du département de l'Aube, qu'il avait quitté
en 1810. Il demeura dans ce pays jusqu'au mois de
septembre 1824, époque où il fut admis à faire valoir
ses droits à la retraite. Il est mort à Paris, dans le
courant du mois de mars 1825. Il était conseiller
d'état en service extraordinaire depuis quelques années.

VANDOEUVRE (le comte), chevalier de la Légion-
d'Honneur, ancien maire de Caen, issu, dit-on, d'une
ancienne et noble famille de Normandie, est né en
1772. M. de Corbière, alors ministre de l'intérieur
qui, quoique roturier par sa naissance, avait une prédilection pour la caste nobiliaire, fit l'offre de la préfecture d'Ille-et-Vilaine, vacante par la démission de
M. de Lavillegontier, élevé à la dignité de pair, à M.
le maire de Caen, qui l'accepta avec reconnaissance.
L'ordonnance de sa nomination porte la date du 7
avril 1824. Mais plus tard, c'est-à-dire le 27 janvier

1827, parut une autre ordonnance royale contre-signée par le même ministre, qui changea de Rennes à Montauban M. de Vandœuvre ; malgré que cette mutation portât avec elle l'empreinte d'une disgrace, M. le comte sut se résigner : il obéit à la volonté ministérielle en se rendant à ce nouveau poste. Il n'y resta pas long-temps ; le ministère Martignac l'appela à la préfecture de la Vienne, le 27 janvier 1828 ; il passa à la préfecture de la Moselle, le 2 avril 1830. Il est sans fonctions depuis la chute de Charles X.

VANSAY (le baron Achille de), commandeur de la Légion-d'Honneur, était, en 1809, auditeur au conseil-d'état et sous-préfet de Château-Gonthier ; le 10 avril 1810, il fut nommé préfet des Basses-Pyrenées. Après la chute de Napoléon, M. de Vansay fut renvoyé de sa préfecture et M. d'Antin lui succéda, le 10 juin 1814. Dans les cent-jours, le gouvernement impérial l'appela à la préfecture de la Haute-Vienne ; mais il ne voulut point l'accepter. Ce refus lui attira la faveur du pouvoir royal ; le 17 juillet 1815, il devint préfet de la Manche. Le 19 juillet 1820, il passa à la préfecture de la Seine-Inférieure ; là, il se rendit remarquable par sa vive et constante opposition à la candidature des éligibles libéraux. Cette conduite fut récompensée par la décoration de commandeur de la Légion-d'Honneur dont le gratifia le ministère Villèle. Le 3 mars 1828, le ministère Martignac jugea convenable de faire voyager M. de Vansay, qui cependant se trouvait fort bien à Rouen ; en conséquence il l'envoya à la préfecture de Nantes, où il resta jusqu'à la révolution de 1830.

Ce préfet se trouvait à cette époque à Paris ; il quitta

en toute hâte la capitale pour se rendre au chef-lieu de sa préfecture ; il y arriva le 3o juillet et, de concert avec le général Despinois, ils tentèrent mais inutilement de prévenir le mouvement populaire ; une collision sanglante eut lieu entre les soldats et la garde nationale, et cette collision fut suscitée par les opinions bien connues et la conduite du préfet et du général.

M. de Vansay, qui était aussi conseiller d'état en service extraordinaire, se retira sans fonctions et, le 8 décembre 1835, il a obtenu du roi des Français une pension de retraite fixée à 6,000 francs contre laquelle parut une pétition des habitans de Nantes à la chambre des députés et qui devint l'objet de vifs débats (*).

VANSTEYRUM (le baron), chevalier de la Légion-d'Honneur, était préfet dans son pays (Amsterdam); le 13 décembre 1810, il fut nommé à la préfecture de la Loire-Inférieure, qu'il perdit le 12 mars 1813, en obtenant néanmoins une pension de 6,000 francs.

VAUBLANC (le comte Vincent-Marie-Vienot de), grand-officier de la Légion-d'Honneur, chevalier de St-Louis, ancien ministre de l'intérieur sous Louis XVIII, est né à Paris en 1756 ; il servit pendant quelque temps avant la révolution. En 1790, il entra dans l'administration centrale de Seine-et-Marne; en 1791, ce département le nomma député à l'assemblée législative. Il se prononça en faveur de la monarchie déjà sapée dans ses fondemens. A la séance du 8 août

(*) *Moniteur*, séance du 5 mars 1836.

1792, lorsque cette assemblée mit en délibération le décret d'accusation contre le général Lafayette, M. Vaublanc s'éleva fortement contre cette mesure qui fut écartée par 406 voix contre 224, et à la séance du surlendemain 10, il parla contre la déchéance du roi. Il ne fut pas réélu à la convention nationale qui le mit hors la loi; il parvint pourtant à se sauver.

Il prit une grande part au mouvement populaire qui éclata à Paris, dans la journée du 13 vendémiaire an IV (5 octobre 1795); il présidait alors la section Poissonière. Dès la veille, cette section s'était déclarée en état de rébellion contre la représentation nationale, et avait annoncé hautement qu'elle ne reconnaîtrait plus aucun de ses décrets. Le 26 vendémiaire suivant (18 octobre 1795), le conseil militaire de la section Lepelletier condamna M. Vaublanc, absent et contumace, à la peine de mort, comme convaincu d'être du nombre des auteurs et instigateurs de la révolte du 13 vendémiaire, d'avoir signé des actes tendant à favoriser cette révolte, et d'avoir fait partie des commissions d'exécution. Le département de Seine-et-Marne l'avait élu membre du conseil des cinq-cents, l'avant veille de son jugement; M. de Vaublanc s'adressa au corps législatif pour l'annulation de ce jugement; le conseil des cinq-cents, dans sa séance du 9 pluviose an IV (29 janvier 1796), passa à l'ordre du jour sur cette réclamation. Plus tard, il adressa une seconde pétition; elle fut prise en considération et renvoyée à une commission nommée *ad hoc*. Sur le rapport du représentant Camus, le conseil, dans sa séance du 13 fructidor an IV (30 août 1796), annula le jugement rendu contre M. de Vaublanc et, le surlendemain, cette résolution fut approuvée par le conseil des anciens (*). Il fut admis au conseil des cinq-cents, le 16 fructidor an IV (2 septembre 1796), après avoir préalablement prêté serment de haine à la royauté. Il continua dans cette assemblée de professer ses principes entièrement opposés aux institutions républicaines; il fut proscrit à l'époque du 18 fructidor, mais il se sauva de nouveau, sortit de France et erra pendant quelques années en Suisse et en Italie.

Rentré en France après la chute du directoire, il fut nommé membre du corps législatif; il s'y fit remarquer par un grand dévouement au nouvel ordre de choses. Le 1er février 1804, il obtint la préfecture de la Moselle et, peu de temps après, il fut créé comte de l'empire et commandeur de la Légion-d'Honneur. Il administra ce département jusqu'aux événemens de mars 1815; après avoir fait tous ses efforts pour conserver dans ce pays l'autorité du roi, il se rendit à Gand, où il demeura durant les cent-jours, et rentra en France avec la famille royale. Le 12 juillet 1815, il devint préfet des Bouches-du-Rhône et conseiller d'état en service extraordinaire; plusieurs officiers en retraite ou en demi-solde avaient fixé leur résidence à Marseille : l'administration tracassière de M. de Vaublanc les força d'en sortir. Le 27 septembre suivant, le roi lui confia le portefeuille du ministère de l'intérieur. Des mesures exagérées, un zèle ardent à poursuivre tous ceux qui ne pensaient pas comme lui, lui attirèrent la désaffection générale et l'improbation même du monarque qui, le 7 mai 1816, lui donna pour successeur M. Lainé, alors président de la chambre des députés.

(*) *Moniteur*, an IV.

Il fut ensuite nommé ministre d'état et membre du conseil privé du roi. On lit dans les Mémoires d'une femme de qualité (*) : « Que M. le comte de Vaublanc » était un faiseur de brochures, un politique senti- » mental, un homme à projets, mais que la tête lui » manquait entièrement dans l'exécution.

« Au château des Tuileries on admirait sa dé- » marche avantageuse ; il en était si content lui- » même, qu'il proposa au sculpteur Lemos de poser » pour la statue de Henri IV. Lemos accepta sa pro- » position. Son excellence allait tous les jours don- » ner une séance à l'artiste, et montait complaisam- » ment, la bride à la main, sur le cheval modèle » avec le costume de rigueur. » En récompense de ce service on s'attendait qu'il serait nommé pair ; mais il n'en a pas été ainsi, et la branche aînée des Bourbons à laquelle il était si dévoué est tombée sans qu'il ait pu s'élever à cette dignité. M. le comte est en ce moment membre du conseil-général du département de l'Ain.

VAULCHIER (le marquis Louis-Deschaux de), commandeur de la Légion-d'Honneur, administrateur né de la restauration. Le 10 mai 1814, il fut préfet provisoire du Jura ; une ordonnance royale du 24 septembre suivant confirma sa nomination. L'empereur Napoléon rétabli sur son trône, en mars 1815, M. le marquis fut remplacé par M. Doazan. Les Bourbons rentrèrent en juillet suivant : le préfet disgracié par le gouvernement impérial obtint du gouvernement du roi la préfecture de la Corrèze. Le 31 janvier 1816,

(*) Tom. 2. pag. 410, an 1829.

il passa à la préfecture de Saône-et-Loire ; là il éprouva une nouvelle disgrace. M. de Vaulchier, dont les opinions politiques passaient pour être ultra-royalistes, ne pouvait convenir au ministère Decazes : on lui donna pour successeur dans sa préfecture M. le baron Feutrier, le 24 février 1819.

Il resta sans fonctions jusqu'au renversement de ce ministère et, le 25 avril 1820, il obtint la préfecture de la Charente, d'où il fut appelé de nouveau à celle de Saône-et-Loire, le 19 juillet suivant. Le 23 mars 1822, sous le ministère Villèle, il devint préfet du Bas-Rhin et officier de la Légion-d'Honneur ; le 20 mars 1824, il fut nommé directeur-général des douanes et, le 7 avril suivant, il fut appelé à la direction générale des postes ; c'est sous son administration que le cabinet noir obtint sa trop fameuse célébrité. Durant cet intervalle, M. le directeur général reçut la décoration de commandeur de la Légion-d'Honneur pour prix de ses services et de son dévouement. Le 12 novembre 1828, il revint aux douanes d'où le fit sortir la révolution de 1830.

M. le marquis a représenté, pendant quelques années, l'arrondissement de Dôle (Jura) à la chambre des députés ; il s'y distingua, non par ses discours, mais bien par ses votes ministériels. Dans la session de 1830, sous le ministère Polignac, il vota contre l'adresse. Il présida le collége électoral de Dôle (Jura) aux élections de juin 1830, où il fut élu. Immédiatement après la chûte de Charles X, il donna sa démission.

VERGNES. Le *Bulletin des Lois* nous apprend que c'est un ancien militaire, et qu'il fut préfet de la

Haute-Saône , depuis le 3 mars 1800 jusqu'au 6 mars 1804. Voilà tout ce que nous pouvons en apprendre à nos lecteurs.

VERNEILH-PUIRASEAU (le baron Joseph de) , officier de la Légion-d'Honneur, ex-membre du côté droit de l'assemblée législative , occupa des fonctions judiciaires de 1798 à 1799.

Le 3 mars 1800, il fut appelé à la préfecture de la Corrèze ; le 10 floréal an X (28 avril 1802) , il passa à celle du Mont-Blanc. Il fut destitué le 12 mars 1804, pour n'avoir pas fait l'application rigoureuse des lois et instructions sur la conscription ; on lui donna , pour le dédommager , une direction des droits-réunis qu'il ne voulut pas accepter. Il dirigea pendant quelques temps un bureau au ministère de l'intérieur. En 1810 , il entra au corps légistatif , où il se montra indépendant ; il siégea aussi à la chambre des représentans convoquée par l'empereur, en mai 1815. Membre de la chambre des députés de 1817 à 1821, il vota constamment contre toutes les mesures exceptionnelles. Réélu en 1829 , il se rangea parmi les partisans du ministère ; aussi , il ne fut pas oublié : il devint successivement conseiller et président de chambre à la cour royale de Limoges. Dans la session de 1830 , il vota contre l'adresse.

VERNHETTES (Amédée) , avocat, membre de la chambre des députés pendant quelques années. Après avoir été successivement sous-préfet d'Yvetot et de Rambouillet , le 25 septembre 1829 , il fut nommé préfet de Vosges. Le 2 avril 1830 , il passa à la préfecture des Hautes-Pyrénées ; là s'est terminée la car-

rière politique de l'administrateur créé par le ministère Polignac. Il s'est retiré à Montpellier.

VERNOY-DE-SAINT-GEORGES, sous-préfet de
Nogent-sur-Seine depuis la révolution de 1830, a
été nommé préfet des Deux-Sèvres, le 20 octobre
1838.

VERNINAC-SAINT-MAUR (Raymond), chevalier
de la Légion-d'Honneur, naquit à Souillac (Lot) en
1762; était conseiller au châtelet de Paris, lorsqu'en
1791, il fut envoyé à Avignon comme médiateur entre
les peuples de ce pays et ceux du comtat Venaissin.
En 1792, il obtint l'ambassade de Suède; à l'époque
où l'Europe se coalisa contre la république française,
cet ambassadeur quitta Stockolm et rentra en France.
En février 1795, il fut nommé ambassadeur près la
Porte-Ottomane à Constantinople; sa réception fut
remarquable : il se fit accompagner d'une compagnie
de grenadiers armés jusque dans la seconde cour du
sérail, innovation qui parut bien extraordinaire aux
Turcs. Il voulut être appelé citoyen; et comme ce
mot n'etait point connu dans le pays et qu'il n'avait
pas d'équivalent en langue turque, le grand sultan le
prononça en français. Il fit reconnaître la république
française; mais il ne put obtenir du grand seigneur
de former une alliance offensive et défensive avec la
France.

Le 8 février 1796, il fut rappelé et remplacé par
Aubert de Bayot, ancien membre de l'assemblée législative et alors ministre de la guerre. Parti de Constantinople, il fut contraint, par le mauvais temps, de
débarquer à Naples où, au mépris du droit des

gens , il fut arrêté et placé sous la surveillance spéciale de l'autorité avec défense de sortir de la ville. En
mai 1797, le gouvernement napolitain lui permit de
continuer sa route; il s'arrêta à Milan ; là , il fut accueilli par le général en chef Bonaparte avec des marques flatteuses d'intérêt et de confiance. Il assista aux
conférences de Leoben et concourut aux traité de
Campo-Formio.

Le 3 mars 1800, il devint préfet du Rhône et, le 16
août 1801 , il fut nommé ministre plénipotentaire de
la république en Helvétie ; il y resta deux ans. Depuis
cette époque , M. Verninac n'a occupé aucune fonction publique. On attribue sa disgrace à son indépendance très-prononcée.

C'était un homme de beaucoup d'esprit, doué d'un
caractère aimable , grand et généreux. Il est mort en
1822.

VIEFVILLE-DESESSARS (le baron Jean-Louis-
Rieu de), naquit à Guise en 1781; en 1809, il fut
nommé auditeur au conseil-d'état ; il a rempli , en
cette qualité , diverses missions en Hollande et en
Italie. Le 14 janvier 1811, il obtint la sous-préfecture
d'Orange ; en février 1812 , il devint préfet de la
Sègre, dans la Catalogne (Espagne); le 25 septembre
1813, il fut appelé à la préfecture de la Mayenne ;
son administration y fut honorable.

Lors des événemens de 1814 , il refusa de reconnaître le nouvel ordre de choses jusqu'à ce que le
souverain dont il tenait le pouvoir l'eût dégagé de
son serment par son abdication. Il administra le département du Mont-Blanc pendant les cent-jours de
1815.

Depuis le second retour du roi , il n'occupa aucune fonction publique. Après la chûte de Charles X, il fut nommé préfet de la Côte-d'Or et , le 22 octobre 1831, il fut destitué. Il se retira à Paris , où il mourut le 21 août 1837.

VIGNOLLE (le comte Martin de), lieutenant-général en retraite , grand-croix de la Légion-d'Honneur, commandeur de l'ordre de Saint-Louis, naquit au château de Marsillargues (Languedoc), le 18 mars 1763 ; il entra au service militaire , comme cadet gentil-homme , à l'âge de 17 ans. Il fit la campagne de 1792, à l'armée des Alpes, en qualité de capitaine ; en 1794 , il était déjà adjudant-général. Il fut successivement sous-chef d'état-major sous le général Kellermann , et chef d'état major de l'armée de Scherer. Sa conduite à la bataille de Castiglione lui valut le brevet de général de brigade ; il reçut un coup de feu à la bataille d'Arcole ; rétabli de sa blessure , il fut nommé commandant de la province de Crémone.

Quelques temps après, il passa au commandement du Milanais ; après le traité de Campo-Formio , il repris ses fonctions de chef d'état-major à l'armée d'Italie , et peu de temps après il devint ministre de la guerre de la république cisalpine. En 1798 , il rentra en activité. Vers le commencement du consulat , M. de Vignolle fut appelé à Paris , pour y remplir les fonctions de secrétaire-général du ministère de la guerre ; deux mois après , il fut envoyé à Toulon , afin d'organiser l'armée de réserve avec laquelle il passa le Tésin , et alla occuper Milan. Il reçut , après le succès de Marengo , l'importante mission de concourir à l'organisation de la république italienne. Le

26 décembre 1800 , il se trouva au passage de Mincio,
où son aide-de-camp fut tué à ses côtés ; la campagne
terminée , ce général reprit le commandement du
Milanais.

Vers le commencement de 1803 , il fut nommé
chef d'état-major de l'armée de Hollande et, le 27
août , il obtint , en récompense de ses services , le
grade de général de division et la décoration de commandant de la Légion-d'Honneur. Il fut ensuite employé à la grande armée comme chef d'état-major-
général.

Le 6 juillet 1809 , il fut grièvement blessé à Wa-
gram ; il perdit l'usage d'un œil par suite de cette blessure , puis il fut envoyé de nouveau à Milan , pour la
réorganisation de l'armée italienne. Rentré en France,
après les événemens de 1814 , M. le général de Vignolle se rendit à Paris et fit partie de la commission
chargée d'examiner les services militaires. Il ne fût
pas employé durant les cent-jours ; mais en juillet
1815 , il obtint le commandement de la dix-huitième
division militaire. A peine arrivé à Dijon , chef-lieu
de cette division , il fut mis à la retraite.

Le 14 mai 1818 , il devint préfet de la Corse ; il occupa cette préfecture jusques vers la fin de l'année
1819 , époque de sa nomination au commandement
militaire de cette Ile. Il fut élu , en 1824 , membre
de la chambre des députés , et mourut à Paris , le 25
novembre de la même année.

M. de Vignolle est auteur d'un précis historique
des opérations de l'armée d'Italie dans les campagnes
de 1813 et de 1814 , qu'il publia en 1817. Il a laissé
aussi en manuscrit un essai historique sur la campagne de la même armée , en 1809.

VILLENEUVE-DE-BARGEMONT (le comte Christophe de), commandeur de la Légion-d'Honneur, naquit à Bargemont, le 27 juin 1771, d'une ancienne famille noble de Provence ; à l'âge de 18 ans , il servait comme sous-lieutenant dans Royal-Roussillon. En 1792 , il entra dans la garde constitutionnelle de Louis XVI ; il combattit courageusement pour la défense de ce monarque dans la journée du 10 août. Pendant tout le temps de nos dissentions politiques , le jeune Villeneuve se tint à l'écart.

En 1801, il obtint une place d'inspecteur des poids et mesures dans un des départemens méridionaux de la France. Trois ans après , il devint auditeur au conseil d'état et sous-préfet à Nérac. Le 26 mars 1806, il fut nommé préfet de Lot-de-Garonne ; le gouvernement du roi le maintint dans ses fonctions, en 1814. Napoléon , à son retour de l'île d'Elbe , instruit que ce préfet s'était ouvertement prononcé pour la cause royale , non-seulement il lui donna un successeur, mais encore il ordonna qu'il serait mis en état d'arrestation ; M. de Villeneuve parvint à se soustraire à la vigilance de la police impériale et , le 12 juillet 1815 , il reprit , au nom du roi , les rênes de son administration. Le 8 octobre de la même année , il fut appelé à l'une des plus importantes préfectures de France, celle des Bouches-du-Rhône : ce département n'a eu qu'à se louer de la sagesse de son administration qui fut tout à la fois douce , habile et énergique.

La ville de Marseille , objet constant de la sollicitude toute paternelle de cet excellent administrateur , a vu s'élever dans son sein des fontaines publiques , une magnifique porte triomphale , un nouveau port destiné à préserver cette cité de la contagion et un monument à l'immortel Belsunce , évêque de Marseille dans le xvii° siècle. La ville d'Aix doit à M. de Villeneuve son élégant palais de justice. Ce magistrat mourut en fonctions vers la fin d'octobre 1829.

Il joignait à ses talens administratifs la science du littérateur et de l'érudit ; il a laissé plusieurs ouvrages estimés , notamment sa *Statistique* du département des Bouches-du-Rhône , qui restera comme un modèle en ce genre.

M. de Villeneuve légua son cœur à la ville de Marseille , qui ouvrit une souscription pour l'erection d'un monument sur sa tombe , avec cette simple inscription : *Marseille reconnaissante à son bon préfet.*

VILLENEUVE DE BARGEMONT (Le marquis Ferdinand de) , chevalier de la Légion-d'Honneur et de Saint-Jean-de-Jérusalem , frère aîné du précédent , naquit comme lui à Bargemont , le 21 septembre 1769; il était officier de marine au commencement de la révolution ; il donna sa démission en 1790. Il ne reparut sur la scène politique qu'en 1815 comme sous-préfet de Castellannes ; il essaya de soulever la population de son arrondissement pour arrêter la marche de Napoléon , qui venait de débarquer. Il fut nommé préfet des Basses-Alpes après le second retour du roi ; le 22 juillet 1818 , il passa à la préfecture des Pyrénées-Orientales. La préfecture de la Nièvre étant devenue vacante par la destitution de M. de Vaisne , le ministère Villèle en disposa en faveur de M. de Villeneuve , le 26 juin 1822 ; il devint ensuite préfet de la Somme et de la Corrèze : il abandonna cette dernière préfecture à l'époque de la révolution de 1830 , et fut arrêté à Limoges , d'où il adressa au fonctionnaire du département qu'il avait quitté une circulaire dont nous avons extrait le passage suivant :

« Dans un orage politique où aucun intervalle n'a
» séparé l'éclair de la foudre , le pouvoir s'est brisé
» en un moment. C'est où sa présence était le plus
» sensible , que la réaction du ressort détendu a dû
» être plus vive. Plus d'une vicissitude m'a appris en
» d'autres lieux qu'alors les meilleurs esprits , les
» cœurs les plus droits , les peuples les plus calmes
» s'ignorent eux-mêmes , s'éblouissent , se troublent
» et paient un fatal tribut à la faiblesse humaine. »

M. le marquis est mort en sa terre de Bargemont, en janvier 1835.

VILLENEUVE DE BARGEMONT (le baron Henri-Joseph de), commandeur de la Légion-d'Honneur et chevalier de Saint-Jean-de-Jerusalem , ancien membre de la chambre des députés, frère des précédens ; il fut nommé inspecteur-général des postes aux chevaux , le 13 février 1801 ; et en 1810, referendaire à la cour des comptes. Le 14 juillet 1815 , il devint préfet de la Haute-Saône ; le 5 octobre 1825 , il passa à la préfecture de Saône-et-Loire.

Le 13 février 1828 , il obtint la direction générale des douanes ; et le 12 novembre même année, il fut appelé à celle des postes , qu'il perdit à l'époque de la révolution de juillet ; mais depuis il a obtenu du gouvernement de Louis-Philippe une pension de retraite de 5753 francs.

VILLENEUVE DE BARGEMONT (le vicomte Jean-Paul-Alban de), officier de la Légion-d'Honneur, chevalier de Saint-Jean-de-Jerusalem , frère des précédens , est né le 9 août 1784 ; il a été successivement , sous le gouvernement impérial , auditeur au conseil-d'état près l'administration des vivres , préfet de Lé-rida (Espagne) et de l'ancien département de Sambre-et-Meuse. Le 10 juin 1814, il fut nommé préfet de Tarn-et-Garonne ; mais le 6 avril 1815 , l'empereur lui envoya un successeur. Après la seconde abdication de ce monarque, M. de Villeneuve revint à Montauban et y reprit , au nom du roi, les rênes de son adminis-tration. Le 6 août 1817, il fut appelé à la préfecture de la Charente et à celle de la Meurthe , le 25 avril 1820. M. Brochet de Verigny ayant été nommé con-seiller d'état en service ordinaire , M. de Villeneuve lui succéda dans sa préfecture de la Loire-Inférieure, le 22 septembre 1824. Il reçut , à cette époque , la croix d'officier de la Légion-d'Honneur. Enfin, le 3 mars 1828 , sous le ministère Martignac , il devint préfet du Nord ; mais la révolution de 1830 mit fin à sa car-rière administrative : il jouit, depuis quelques années, d'une pension de retraite de 6,000 francs.

M. le vicomte a obtenu , en 1835 , le grand prix fondé par M. Monthion , en faveur de la publication la plus utile aux mœurs. Cette distinction académique lui a été accordée pour son ouvrage intitulé : *Econo-mie politique chrétienne, ou recherches sur la nature et les causes du paupérisme en France et en Europe , et sur les moyens de le soulager et de le préserver ;* 3 vol. in-8°, avec cartes , planches et tableaux , etc.

En terminant cet article , nous devons faire connaî-tre à nos lecteurs que M. de Villeneuve a reçu de Fer-dinand VII , roi d'Espagne , la décoration du Saint-Sépulcre , en récompense de sa conduite adminis-trative à Lérida.

VILLENEUVE - VILLENEUVE (le marquis Pons-
Louis-Maurice-François de) , naquit à Saint-Pons en
1774; après avoir traversé les orages de la révolution ,
non sans quelques tribulations , il se fixa à Toulouse.
En 1804 , il accepta du gouvernement impérial les
fonctions gratuites mais honorables de membre de
conseil-général du département de la Haute-Garonne,
En 1809 , il quitta Toulouse, se retira à la campagne
où il s'occupa de l'éducation de ses enfans et de l'a-
griculture de ses biens. En 1813 , il fut nommé maire
de sa commune ; mais ayant opposé une vive résistance à la levée des réquisitions frappées par le maréchal Soult , il fut destitué peu de temps après.

Lors des événemens de 1814 , il sortit à l'instant de
sa retraite , se rendit en toute hâte à Toulouse pour
y faire reconnaître l'autorité royale ; mais les Tou-
lousains n'avaient pas attendu son arrivée pour se ranger sous la bannière des lys. M. le comte Jules de Polignac , alors commissaire extraordinaire dans cette
ville , envoya M. de Villeneuve à Montauban , pour y
remplir provisoirement les fonctions de préfet. Le 22
août 1814, il obtint la préfecture des Hautes-Pyrénées;
à la nouvelle du débarquement de Napoléon , il prit
les mesures les plus violentes pour conserver au roi
le pays confié à son administration ; il eut l'impru-
dence d'organiser une commission de salut public.

Cette mesure, aussi inconvenante qu'extraordinaire,
exaspéra ses administrés à un si haut degré , qu'il fut
contraint d'abandonner sa préfecture; il fut arrêté
dans sa fuite, sur les limites du département , et conduit à Toulouse, où il parvint à tromper la vigilance
de ses gardiens. Il se rendit, non sans quelque diffi-

culté, auprès du duc d'Angoulême, qui se trouvait alors en Espagne.

Rentré en France avec ce prince, après les malheureux désastres de Waterloo, M. de Villeneuve fut nommé administrateur-général de vingt-six départemens du Midi ; ce pouvoir immense était trop au-dessus des forces de M. le marquis. Il commit les plus grandes fautes dans le cours de cette vaste administration. Vers le commencement de septembre 1815, il reçut l'ordre impératif de se rendre sur-le-champ à Paris pour s'expliquer sur sa conduite, notamment en ce qui concernait sa prolongation dans l'exercice de ses pouvoirs au-delà du terme fixé par l'ordonnance royale du 19 juillet 1815. Arrivé à la capitale, il donna des explications tant sur les motifs de sa conduite que sur les actes de son administration, et comme il est des accommodemens avec le ciel, dit Molière, le *Moniteur* de l'époque annonça pompeusement dans ses colonnes la justification complète de M. de Villeneuve.

Le 2 février 1816, il devint préfet du Cher. Il administra ce département jusqu'au 2 août 1818, époque de sa révocation. Cependant, le 2 janvier 1823, sous le ministère Vilièle, il fut appelé à la préfecture de la Creuse; mais atteint d'une maladie grave, il donna sa démission bientôt après, et mourut à sa maison de campagne, près Toulouse, le 28 septembre 1824.

VILLENEUVE (le marquis Armand de), chevalier de la Legion-d'Honneur, était sous-préfet à Beziers à la chute de Charles X ; il fut appelé par le gouvernement de Louis-Philippe à la sous-préfecture de Fontainebleau et nommé préfet du Tarn le 10 décembre

1832. Le 12 juillet 1835 , il passa à la préfecture de
l'Indre , et enfin, le 23 juillet 1837 , il fut transféré
à celle d'Eure-et-Loir.

VILLIERS DU TERRAGE (le vicomte Paul-Marie-
Étienne), pair de France , officier de la Légion-d'Honneur, né à Versailles le 25 janvier 1774 , a été secrétaire-général du ministère de la police générale sous
le directoire. En 1805 , il fut nommé commissaire-
général de police à Boulogne ; en 1813 , il obtint la
direction générale de police à Amsterdam. Au retour
des Bourbons, en 1814 , il ne fut pas employé ; mais
il devint préfet de la Mayenne aux cent-jours. Le 12
juillet 1815 , il fut appelé à la préfecture des Pyrénées-
Orientales, en remplacement de M. de Roujoux fils ,
destitué ; il se distingua dans ce poste soit par un
dévouement remarquable au nouvel ordre de choses ,
soit par sa capacité administrative.

Le 15 juillet 1818 , le gouvernement lui donna , à
titre d'avancement, l'administration du département
du Doubs ; le 30 janvier 1820 , il passa à celle du
Gard. Il commençait déjà à jouir des fruits de sa pénible et laborieuse administration , lorsque parut une
ordonnance royale , en date du 7 avril 1824 , qui lui
annonça qu'il devait céder sa place à M. Plénelli de
Lavalette , et qu'il était admis à faire valoir ses droits
à la retraite ; il conserva le titre honorifique de conseiller d'état en service extraordinaire et fut créé vicomte en 1825.

La révolution de 1830 plaça de nouveau cet
ancien administateur sur la scène politique , comme
préfet du Nord ; mais il remercia le gouvernement
de cette nouvelle faveur et M. Méchin fut nommé

à sa place. Il a été élevé à la dignité de pair, le 5 octobre 1857.

W

WALCKENAER (le baron, Charles-Athanase),
chevalier de la Légion-d'Honneur, membre de l'Institut, né à Paris en 1771 ; à sa sortie de l'école polytechnique, la chaire de professeur d'histoire à l'Université de Montpellier lui fut offerte ; il la refusa.

En 1813, il fut appelé à l'Institut (classe d'histoire
et de littérature) ; en 1815, il devint membre de l'A-
cadémie des inscriptions. Il a été maire du 5ᵉ arrondissement de Paris pendant quelques mois de 1816,
et ensuite secrétaire-général de la préfecture de la
Seine. Le 18 juin 1826, il obtint la préfecture de la
Nièvre, d'où il passa à celle de l'Aisne, le 12 novembre 1828. Le 20 août 1830, le gouvernement né
de la révolution de juillet lui retira sa préfecture et
lui donna pour successeur M. Bogne de Faye.

WATERS (le comte de), était officier du génie en
retraite lorsque, le 6 janvier 1814, il devint sous préfet
de Sarrebourg ; officier de la Légion-d'Honneur, et
ensuite sous la restauration sous-préfet de Gien. Il
demeura sans fonctions durant les cent-jours ; mais
le 14 juillet 1815, il fut appelé à celle de préfet de la
Creuse. Le 19 février 1817, M. Bacot de Romans, préfet à Tours, ayant reçu une nouvelle destination, M.
Waters lui succéda ; après une administration des
plus louables pendant six années dans ce pays, le
ministère Villèle l'envoya à la préfecture du Jura,
moins importante que la précédente. Le 12 novembre

1828, il passa à celle de la Haute-Loire. Depuis le
2 avril 1830, époque où il fut remplacé par M. de
Preslon, il n'occupait aucun emploi autre que celui
purement honorifique de conseiller d'état en service
extraordinaire. Le 8 décembre 1835, il a obtenu une
pension de 3,190 francs.

WISMES (Stanislas-Catherine-Alexis-Blocquet, baron de), officier de la Légion-d'Honneur, naquit à
Arras le 4 juillet 1778 ; il n'a pas été improvisé préfet
en 1814, comme on l'a dit par erreur dans une biographie qui parut en 1826. M. de Wismes fut nommé
par l'empereur sous-préfet de Soissons, le 6 janvier
1814; c'est à ce poste que la première restauration le
trouva. Cinq mois après, une ordonnance royale du
10 juin lui confia la préfecture du Tarn ; mais dans
les cent-jours il quitta ce département pour aller fonc-
tionner dans celui des Côtes-du-Nord. Plus heureux
que beaucoup de ses collègues de cette époque, il
n'encourut pas la disgrace du gouvernement royal ;
le 12 juillet 1815, il fut appelé à la préfecture de
Maine-et-Loire, d'où il fut transféré à celle de la
Haute-Vienne, par la volonté du ministère Villèle,
le 27 juin 1823. Un remaniement dans le personnel
des préfets ayant eu lieu le 1er septembre 1824, M.
de Wismes passa à la Préfecture de l'Aube, où il se
trouvait parfaitement bien ; mais le ministère Polignac, par ordonnance du 16 octobre 1829, envoya
M. de Brancas à Troyes pour succéder à M. de Wismes
qui, en vertu de la même ordonnance, était appelé
à la préfecture de la Côte-d'Or, qu'il quitta par démission immédiatement après la révolution de 1830.

Nous pouvons affirmer sans crainte d'être démenti

que tous les départemens qu'il a administrés n'ont eu qu'à se louer de sa conduite, notamment celui de Maine-et-Loire, où il se distingua par une résistance courageuse aux demandes exorbitantes des Prussiens. Le général Blucher le fit arrêter et conduire au fort de Juillers, d'où il sortit bientôt après. M. le baron est mort à Paris, le 20 mai 1831. Sa dépouille mortelle fut déposée au cimetière du Mont-Parnasse, où sa famille lui a fait élever un monument.

FIN.

TABLE CHRONOLOGIQUE
DES PRÉFETS,

PAR ORDRE DE DÉPARTEMENS.

AIN , 346,188 habitans.

1800. Fabry.
1801. Ozun.
1802. Connink-Outerive.
1805. Rossi.
1810. Rivet
 C.-J. Abrial.
 C.-J. Baude.
1815. Dumartroy.
1820. Rogniat.
1830. Tondut.
1831. Jussieu.
1832. Bellon.
1833. Marchand-Dubreuil.
1834. Jayr.
1837. Bonnet.

AISNE , 527,095 habitans.

1800. Dauchy.
1802. Belrais-Tourmenil.

ALPES (BASSES), 159,045 habitans.

1800. Texier-Olivier.
1802. De Lameth.
1805. Duval.
 C.-J. Didier.
1815. De Villeneuve.
1818. Dugied.
1819. Dupeloux.
1823. Ferrand.
1828. De Lantivy.
1828. D'Auderic.
1830. De Croze.
1830. Bernard.
1831. Dulac.
1832. Cheminade.
1835. Meunier.
1838. Thiessé.

ALPES (HAUTES), 131,162 habitans.

1800. Bonnaire.
1802. Ladoucette.
1809. Defermont.
1813. Chazals.
1814. Harmant d'Habancourt.
 C.-J. Petiet.
1815. De Nugent.
1819. Liegeart.
1823. Asselin.
1827. De Beaumont.
1828. De Roussy.
1830. Raynaud.
1833. Gauja.
1834. Saladin.

1835. Mourgues.

ARDÈCHE , 353,752 habitans.

1800. Caffarelli.
1801. Robert.
1806. Sainte-Suzanne.
1810. Chaillou.
1814. D'Indy.
 C.-J. Arnault.
1815. D'Indy.
1819. Paulze-d'Ivoy.
1823. De Monthureux.
1828. Blondel-d'Aubers.
1829. Carriere.
1830. Pelet (Ernest).
1835. Roulleaux-Dugage.
1837. Marquier.

ARDENNES , 306,861 habitans.

1800. De Lavillegontier.
1814. De Roussy.
 C.-J. Girod de Viennay.
1815. Rogniat.
1816. De Lassale.
1819. Harmand-d'Habancourt.
1823. Dumartoy.
1823. Herman.
1828. De Lascours.
1835. Henri.
1837. Choppin-d'Arnouville.

ARRIÈGE , 260,536 habitans.

1800. Brun.

1808. Dupont-Delporte.
1810. Chassepot de Chapelaine.
1814. De Nicolaï.
 C.-J. Bessières.
1815. Chassepot de Chapelaine.
1819. Mortarieu.
1830. Gauja.
1833. Monicault.
1835. Mazères.
1837. Petit-Pantel.

AUBE , 253,870 habitans.

1800. De Valsuzenay.
1810. Caffarelly.
1814. Rœderer.
1814. Dupleix-de-Mozy.
 C.-J. Rœderer.
1815. De Valsuzenay.
1824. De Wismes.
1829. De Brancas.
1830. Saint-Didier.
1832. Combes Syéyes.
1837. Gabriel.

AUDE , 281,088 habitans.

1800. Barante.
1802. Le Roy.
1803. Trouvé.
 C.-J. Rambuteau.
 C.-J. Saulnier fils.
1815. Trouvé.
1816. Cromot de Fongy.
1819. Didelot.
1820. Angelier.

1824. De Beaumont.
1827. Asselin.
1830. Dejean.
1832. Forget.
1832. Teyssier.
1834. Delessert.
1834. Boullé.
1836. Legoux.
1837. Roulleaux du Gage.

AVEYRON, 370,951 habitans.

1800. Saint-Horent.
1808. Goyon.
1810. Girod de Viennay.
1814. Bessières.
 C.-J. Marceau.
1815. D'Estourmel.
1818. De Murat.
1820. D'Arros.
1828. Ferrand.
1830. Guizard.
1834. Rozet.
1836. Marquier.
1837. Mazères.

BOUCHES-DU-RHONE, 362,325 habitans.

1800. Lacroix.
1803. Thibaudeau.
1814. D'Albertas.
 C.-J. Frochet.
1815. De Vaublanc.
1815. De Villeneuve.
1829. D'Arbaud-Jouques.
1830. Thomas.

1836. De Lacoste.

CALVADOS, 501,775 habitans.

1800. Collet-Descotils.
1800. Dugua.
1801. Caffarelly.
1810. Méchin.
1814. Seguier.
 C.-J. Nogaret.
1815. D'Houdetot.
1815. De Berthier.
1813. De Montalivault.
1830. Target.

CANTAL, 262,117 habitans.

1800. Riou.
1810. De Lachadenède.
 C.-J. Lesseps.
1815. Locard.
1818. De Juigné.
1820. Sers.
1828. De Panat.
1830. Guitard.
1833. Delamarre.

CHARENTE, 365,128 habitans.

1800. Delaître.
1802. Bonnaire.
1805. Rudler.
1810. Boissy-d'Anglas.
1814. Milon de Mesne.
 C.-J. Duval.

1815. Creusé de Lassert.
1817. De Villeneuve.
1820. De Vaulchier.
1820. Didelot.
1820. De Valdenuit.
1821. Moreau.
1823. De Guer.
1828. D'Auberjon.
1828. Jahau de Belleville.
1830. Behain.
1831. Besson.
1831. Larregui.

CHARENTE-INFÉRIEURE , 449,649 habitans.

1800. Français de Nantes.
1800. Guillemardet.
1806. Richard.
1814. D'Arbaud-Jouques.
 C.-J. Boissy-d'Anglas.
1815. Richard.
1815. Dalmas.
1819. De Lachadenède.
1820. Pepin de Bellisle.
1823. De Nugent.
1828. D'Alon.
1830. Admirault.
1835. Pelet (Ernest).

CHER , 276,863 habitans.

1800. Legendre de Luçay.
1801. Belloc.
1805. Barral.
1813. Didelot.
 C.-J. Rivet.

1815. Reignier.
1816. Villeneuve-Villeneuve.
1818. Locard.
1820. De Juigné.
1823. D'Alon.
1828. Finot.
1828. Bastard de Lestang.
1830. De l'Apparent.

CORRÈZE, 302,433 habitans.

1800. Verneil de Puiraseau.
1802. Milet-Mureau.
1810. Camille Périer.
1815. De Vaulchier.
1816. De Rigny.
1817. Harmand-d'Habancourt.
1819. Finot.
1824. De Villeneuve.
1028. De Villeneuve.
1830. De Lestrade.
1830. De Bondy.
1833. Thomas.
1838. Meunier.

CORSE, 207,839 habitans.

1811. Arighy.
1814. De Monthureux.
C.-J. Guibegua.
1815. Courbon de Saint-Genest.
1818. Vignolle.
1820. Eymard.
1822. De Suleau.
1824. De Lantivy.
1828. Angelier.
1830. Choiseuil.
1836. Jordan.

COTE-D'OR , 385,684 habitans.

1800. Guiraudet.
1804. Riouffe.
1807. Molé.
1809. Lecouteulx.
1812. Brissac.
1014. Terray.
 C.-J. Legrand de Bergagny.
1815. Choiseuil.
1816. De Tocqueville.
1817. De Lachadenède.
1819. De Girardiu.
1820. Seguier.
1823. D'Arbaud-Jouques.
1029. De Wismes.
1830. Viefville des Essarts.
1831. Chaper.

COTES-DU-NORD , 605,563 habitans.

1800. Boullé.
1814. De Goyon.
 C.-J. De Wismes.
1815. Pepin de Bellisle.
1816. De Saint-Luc.
1819. De Saint-Aignan.
1820. De Murat.
1822. De Curzai.
1822. Frottier de Bagneux.
1826. Fadates de Saint-Georges.
1830. Thieullen.

CREUSE , 276.234 habitans.

1800. Musset.

1802. Colaud de la Salcette.
1807. Maurice.
1810. Camus-Dumartroy.
1814. D'Allonville.
 C.-J. Chaillou.
1815. De Waters.
1816. Pepin de Bellisle.
1817. Garnier.
1823. De Villeneuve.
1824. Finot.
1825. De Pussy.
1828. De Saint-Luc.
1830. Frotté.
1830. Deschamps.
1838. Menard.

DORDOGNE, 487.502 habitans.

1800. Rivet.
1810. Maurice.
1814. Rivet.
 C.-J. Didelot.
1815. Duhamel.
1815. De Monthureux.
1817. Pepin de Bellisle.
1819. Centrès.
1828. Puységur.
1828. Lingua de Saint-Blanquat.
1830. Norvins.
1831. Mourgues.
1833. Romieu.

DOUBS. 276.234 habitans.

1800. Gallois.
1800. Mardoux.

1801. Debry (Jean).
1814. Scey de Montbelliard.
 G.-J. Derville Maleschard.
1815. Capelle.
1816. Scey de Montbelliard.
1815. Siméon.
1818. Villiers du Terrage.
1820. Choppin-d'Arnouville.
1820. Lachadenède.
1822. De Brosses.
1823. De Floirac.
1823. Milon de Mesne.
1828. De Juigné.
1829. De Beaumont.
1830. De Calvières.
1830. Choppin-d'Arnouville.
1831. Derville-Maleschard.
1833. Tourangin.

DROME, 305,499 habitans.

1800. Collin de Sussy.
1800. Descorches.
 C.-J. Desgouthes.
1815. Dubouchage.
1823. De Cotton.
1828. De Lascours.
1828. De Malartic.
1830. De Talleyrand.
1830. Henry.
1835. Saladin.

EURE, 424,762 habitans.

1800. Lannes.
1801. Masson de Saint-Amand.

1806. Rolland de Chambaudoin.
1813. De Miramont.
1814. De Choiseuil.
 C.-J. Duval (Maurice).
1815. De Gasville.
1817. De Goyon.
1820. Delaître.
1830. Passy.
1837. Bégé.
1838. Mounicault.

EURE-ET-LOIR , 288,058 habitans.

1800. Delaître.
1814. Rouillé d'Orfeuil.
 C.-J. De Roujoux.
1815. De Breteuil.
1819. D'Estourmel.
1823. Giresse de La Beyrie.
1830. Langlois-d'Amilly.
1830. De Rigny.
1833. Pompeï.
1834. Delessert.
1836. De Saint-Aignan.
1837. De Villeneuve.

FINISTÈRE , 546,955 habitans.

1800. Didelot.
1801. Rudler.
1805. Miolis.
1810. Bouvier-Dumoulard.
1813. Abrial.
1814. De Saint-Luc.
 C.-J. Chazals.
1815. Cintré.

1819. D'Arros.
1820. Chaulieu.
1823. De Foresta.
1824. De Castellanes.
1830. Rouillé d'Orfeuil.
1830. Billard.
1831. Pellenc. ·
1832. Le Pasquier.
1837. Mercier.
1838. Boullé.

GARD , 366,259 habitans.

1800. Dubois.
1804. D'Alphonse.
1810. Rolland-de-Villarceaux.
C.-J. Roggiery.
1815. D'Arbaud-Jouques.
1817. D'Argout.
1819. D'Haussez.
1820. Villiers-du-Terrage.
1824. Planelli-de-Lavalette
1828. Herman.
1830. De Lacoste.
1830. Chaper.
1831. De Lacoste.
1833. Rivet.
1834. De Jessaint.

GARONNE (HAUTE-), 454,727 habitans.

1800. Richard.
1806. Desmousseaux.
1813. Destouches.
1814. De Saint-Aulaire.
C.-J. Treilhard.

1815. De Remusat.
1817. De Saint-Chamant.
1823. De Juigné.
1828. Dumartroy.
1830. De Barennes.
1835. Bégé.
1837. Onfroy de Breville.
1838. Floret.

GERS, 312,882 habitans.

1800. Balguerie.
1813. Jubé de Laparelle.
1813. Bessières.
1814. De Montegut.
 C.-J. Abrial.
1815. Brochet de Verigny.
1817. De Lascours.
1824. Lingua de Saint-Blanquat.
1828. De Preyssac.
1829. Blondel-d'Aubers.
1830. Malartic.
1830. De Latourette.
1832. Gabriel.
1837. Mesnard.
1838. De l'Espée.
1839. Bocher.

GIRONDE, 555,809 habitans.

1800. Thibaudeau.
1800. Dubois.
1803. Lacroix.
1805. Fauchet.
1809. Gary.
1814. De Valsuzenay.

C.-J. Fauchet.
1815. De Tournon.
1822. De Breteuil.
1824. D'Haussez.
1829. De Curzay.
1830. De Preyssac.
1833. De Lacoste.
1837. De Preyssac.
1838. Sers.

HÉRAULT, 357,846 habitans.

1800. Nogaret.
1814. Aubernon.
C.-J. D'Alphonse.
C.-J. De L'Apparent.
1815. De Brevannes.
1815. De Floirac.
1817. Creuzé de Lessert.
1830. Fumeron-d'Ardeuil.
1832. De Latourette.
1833. Bégé.
1835. Floret.
1838. Bégé.

ILLE-ET-VILAINE, 547,249 habitans.

1800. Bories.
1802. Meunier.
1805. Bonnaire.
1814. De Brevannes.
C.-J. Mechin.
1815. D'Allonville.
1817. De Lavillegontier.
1824. De Vandœuvre.
1827. De Curzay.

1829. Jordan.
1830. Le Roy.
1832. Cahouet.
1836. Boby de Lachapelle.
1837. Dunoyer (non installé).
1837. Henry.

INDRE, 257,350 habitans.

1800. D'Alphonse.
1804. Prouveur.
1814. Dessoles.
 C.-J. Mallarmé.
1815. Dessoles.
1817. Brochet de Verigny.
1820. Milon de Mesne.
1823. Herman.
1823. Locard.
1828. De Fussy.
1830. Meynadier.
1835. De Villeneuve.
1837. Freulleville.

INDRE-ET-LOIRE, 304,271 habitans.

1800. Graham.
1800. De Pommereuil.
1806. Lambert.
1811. De Kergariou.
1814. Destouches.
 C.-J. De Miramont.
1815. Destouches.
1816. Bacot de Romans.
1817. De Waters.
1828. Tassin de Nonneville.

1828. De Beaumont.
1829. De Juigné.
1830. D'Entraygues.

ISÈRE , 573,643 habitans.

1800. Ricard.
1802. Fourier.
1815. De St-Chamans (non installé).
  C.-J. Bourdon de Vatry.
1815. De Montlivault.
1816. De Berthier.
1817. Choppin-d'Arnouville.
1820. D'Haussez.
1824. De Calvières.
1828. De Wismes.
1828. Finot.
1830. Gasparin.
1832. Duval (Maurice).
1832. Pellenc.

JURA , 315,355 habitans.

1800. Poncet de Lacour.
1809. Destouches.
1813. Bergogné.
1814. De Vaulchier.
  C.-J. Deazan.
1815. Dumesnil.
1816. De Coucy.
1820. Moreau-de-La-Rochette.
1823. De Waters.
1828. De Valdenuit.
1830. Pons de l'Hérault.
1830. Thiessé.
1835. Heim.
1836. Le Pasquier.

LANDES, 284,918 habitans.

1800. Mechin.
1802. Duplantier.
1810. Dangosse.
1814. De Carrère.
C.-J. Harel,
1815. De Carrère.
1817. D'Haussez.
1819. Angellier (non installé
1819. De Nugent.
1822. Herman.
1823. De Puissegur.
1828. Chevalier.
1830. De Feugray.
1830. Goubault.
1831. Billard.
1831. Sers.
1833. Bellon.
1833. Curel.

LOIR-ET-CHER, 244,043 habitans.

1800. De Beytz.
1800. Corbigny.
1811. Christiany de Ravaran.
C.-J. Corbigny.
1815. Bacot de Romans.
1816. Terray.
1819. Pelet fils.
1823. De Saint-Luc.
1828. De Lezai-Marnesia.

LOIRE, 412.497 habitans.

1800. Imbert.

1807. Boula du Colombier.
1812. Helvoet.
1814. De Rambuteau.
 C.-J. Tribert.
1815. Tassin de Nonneville.
1823. De Chaulieu.
1830. Gasparin.
1830. Mourgues.
1831. Norvins.
1832. Bret.
1833. Sers.
1837. Jayr.
1838. Faye.

LOIRE (HAUTE-), 295,384 habitans.

1800. Lamothe.
1810. Cahouet.
1814. De Sartiges.
 C.-J. Bergognié.
1815. De Sartiges.
1817. Bastard de Lestang.
1828. De Waters.
1830. Freslon.
1830. Dupuy.
1833. Ymbert de Montruffet.
1835. Mahul.
1837. Legoux.

LOIRE-INFÉRIEURE, 470,768 habitans.

1800. Letourneur de la Manche.
1804. Belleville.
1806. De Celles.
1810. Vanstyrum.
1813. Barante.

C.-J. Bonnaire.
1815. De Brosses.
1822. Brochet de Verigny.
1824. De Villeneuve.
1828. De Vansay.
1830. De St-Aignan.
1832. Duval (Maurice).

LOIRET, 316,189 habitans.

1800. Maret.
1806. Pieyre.
1814. De Talleyrand.
C.-J. Le Roy.
1815. De Talleyrand.
1817. De Choiseuil.
1819. De Riccé.
1830. De Foresta.
1830. De Riccè.
1831. Saulnier fils.
1835. De Siméon.

LOT, 287,003 habitans.

1800. Bailly.
1813. Petit de Beauverger.
1815. Lezay de Marnesia.
1816. De Germiny (non installé).
1817. Chamissot.
1822. De Saint-Luc.
1823. De Saint-Félix.
1828. Baumes.
1830. Lantivy.
1830. De Roujoux.
1833. Decourt.
1835. Segur d'Aguesseau.

1837. Boby de Lachapelle.

LOT-ET-GARONNE, 346,400 habitans.

1800. Pieyre.
1806. De Villeneuve.
 C.-J. Rouen de Malets.
1815. De Guer.
1816. Musnier de La Converserie.
1828. Feutrier.
1830. Baumes.
1830. Croneau.
1833. Brun.
1839. Rougié de Labergerie.

LOZÈRE, 141,733 habitans.

1800. Jerphanion.
1802. Florent.
1813. Gamot.
1814. De Barrin.
 C.-J. Dumont de la Charnaye.
1815. De Barrin.
1816. De Fressac.
1817. Moreau.
1821. De Valdenuit.
1828. De Lestrade.
1830. Gabriel.
1832. De Jessaint.
1834. Fleury.
1838. Delon.

MAINE-ET-LOIRE, 477,270 habitans.

1800. Montaut-Désilles.
1802. Mardoux.

1805. Bourdon de Vatry.
1809. Hély-d'Oissel.
1814. De Tocqueville.
 C.-J. Galéazini.
1815. De Wismes.
1823. Martin de Puiseux.
1826. Frottier de Bagneux.
1830. Barthélemy.
1834. Gauja.

MANCHE , 594,382 habitans.

1800. Magnitot.
1801. Menard.
1801. Montalivet.
1804. Costaz.
1810. Bossi.
1815. De Vansay.
1820. Esmangart.
1824. D'Estourmel.
1830. Baude.
1830. Galtier.
1836. Mercier.

MARNE , 345,245 habitans.

1800. De Jessaint.
1838. De Bourbon.

MARNE (HAUTE-), 255,969 habitans.

1800. De Ligniville.
1802. Jerphanion.
 C.-J. De Fargues.
1815. De Lassale.
1818. Courbon de Saint-Genest.

1830. De Fargues.
1831. Rivet.
1833. Latourette.

MAYENNE, 361,765 habitans.

1800. Harmand.
1813. Viefville-Desessars.
1814. De Guer.
 C.-J. Villiers du Terrage.
 C.-J. Lacoste.
1815. D'Arbelles.
1817. Paillot de Loigne (non installé).
1817. Coster.
1824. Freslon.
1828. De Lézardière.
1830. De Saint-Luc.
1830. Saulnier fils.
1831. Cahouet.
1832. De Jussieu.
1832. Dunoyer (non installé).
1832. Boby de Lachapelle.
1836. Parrant.

MEURTHE , 424,366 habitans.

1800. Marquis.
1808. Riouffe.
1813. Freville.
1814. Mique.
 C.-J. Bouvier-Dumolard.
1815. Kersaint.
1816. Seguier.
1820. De Villeneuve.
1824. De Foresta.
1828. D'Allonville.

1830. Merville.
1831. Arnault.

MEUSE , 317,701 habitans.

1800. Saulnier.
1804. Leclerc.
1813. De Saint-Aulaire.
1814. De Vaisne.
 C.-J. Cochelet.
1815. Maussion.
1817. De Riccé.
1819. Périer (Camille).
1822. Romain.
1828. D'Arros.
1830. Chevalier.
1830. D'Arros.

MORBIHAN , 449,743 habitans.

1800. Giraud.
1801. Julien.
1814. De Floirac.
 C.-J. Julien.
1815. Musnier de la Converserie.
1816. De Guer.
1818. De Chazelles.
1830. Le Lorois.

MOSELLE , 427.250 habitans.

1800. De Colchen.
1804. De Vaublanc.
 C.-J. Ladoucette.
1815. De Bondy (non installé).
1815. De Lachadenède.

1817. De Tocqueville.
1823. De Balzac.
1828. De Suleau.
1830. De Vandœuvre.
1830. Sers.
1838. Jayr.

NIÈVRE, 297,550 habitans.

1800. Sabatier.
1803. Adet.
1808. De Plancy.
1810. De Breteuil.
1813. Fievée.
 C.-J. Rougier de la Bergerie.
1815. De Vaisne.
1822. De Villeneuve.
1826. Walckenaër.
1828. De Talleyrand.
1830. Seguier.
1830. Dulac.
1831. Badouix.

NORD, 1,026,417 habitans.

1800. Joubert.
1801. Dieudonné.
1805. Pommereuil.
1810. Duplantier.
1814. Siméon.
 C.-J. Dupont-Delporte.
1815. Dupleix de Mezy.
1817. Remusat.
1822. Murat.
1828. De Villeneuve (Alban).
1830. Mechin.

1839. De Saint-Aignan.

OISE , 398,641 habitans.

1800. Cambry.
1802. Belderbursch.
1810. De Valsuzenay.
 C.-J. Basset de Châteaubourg.
1815. De Tocqueville.
1816. De Choiseul.
1817. De Germiny.
1819. Brochet de Verigny.
1822. De Balzac.
1823. Blin de Bourdon.
1824. De Puymaigre.
1828. De Nugent.
1830. Feutrier.
1835. Meynadier.
1836. Bellon.
1838. Germeau.

ORNE , 443,688 habitans.

1800. Lamagdelaine.
1814. De Riccé.
 G.-J. Lamagdelaine.
1815. De Riccé.
1817. De Lamorélie.
1823. De Seguier.
1830. Kerraint.
1830. Clogenson.
1833. Derville-Maleschard.
1836. Mancel.
1837. Langlois-d'Amilly.

PAS-DE-CALAIS , 664,654 habitans.

1800. Poitevin de Meysseny.
1803. Lachaise.
 C.-J. De Roujoux père.
 C.-J. Dumont (André).
1815. Malouet.
1818. Siméon.
1824. Blin de Bourdon.
1830. Cahouet.
1831. De Talleyrand.
1833. Nau de Champlouis.

PUY-DE-DOME , 589,438 habitans.

1800. De Sugny.
1804. Latourette.
1806. Ramond.
1814. De Lascours.
1814. De Comtades.
 C.-J. Rogniat.
1815. Harmant-d'Abancourt.
1817. De Rigny.
1820. Dumartroy.
1823. D'Allonville.
1828. Sers.
1830. Rogniat.
1832. Déjean.
1836. Meynadier.

PYRÉNÉES (BASSES-), 446,398 habitans.

1800. Guinnebaud.
1801. Serviez.
1810. De Vansay.

1814. D'Autin.
 C.-J. Combes-Siéye.
1815. D'Argout.
1817. Dessoles.
1830. De Beaumont.
1832. Le Roy.
1837. Duchâtel.

PYRÉNÉES (HAUTES-), 244,170 habitans.

1800. Ramond.
1802. Chazals.
1813. D'Arbaud-Jouques.
1814. De Villeneuve-Villeneuve.
 C.-J. Dupont (Eusèbe).
1815. Milon de Mesne.
1819. Jahan de Belleville.
1822. Calvières.
1830. Vernhettes.
1830. Bureaux de Pusy.
1831. De Saint-Aignan.
1833. Ségur-d'Aguesseau.
1835. Decourt.
1837. Ségur-d'Aguesseau.
1838. Bart.

PYRÉNÉES-ORIENTALES, 164,325 habitans.

1800. Charvet
1801. Martin.
1813. Delamalle.
1813. Duhamel.
|C.-J. De Roujoux.
1815. De Villiers du Terrage.
1818. De Villeneuve.
1822. De Foresta.

1823. Le Roy de Chavigny.
1824. D'Auberjon.
1828. De Romain.
1830. Méchin fils.
1831. Duval.
1832. Bégé.
1833. Pascal.

RHIN (BAS-), 561,859 habitans.

1800. Laumont.
1802. Jhée.
1810. De Lezai-Marnesia.
1814. De Kergariou.
C.-J. Debry (Jean).
1815. De Bouthilliers.
1819. De Cazes.
1820. De Malouet.
1822. De Vaulchier.
1824. Esmangart.
1830. Nau de Champlouis.
1831. Choppin-d'Arnouville.
1837. Sers.

RHIN (HAUT-) 447,019 habitans.

1800. Harman.
1800. Noël.
1802. Desportes.
1813. De Lavieuville.
C.-J. D'Angosse.
1815. De Casteja.
1819. Sers.
1820. Puymaigre.
1824. Jordan.
1829. Locard.
1830. Dugied.

1831. Renauldon.
1833. Bret.

RHONE , 482,024 habitans.

1800. Verninac.
1801. Najac.
1802. Bureaux de Pusy.
1803. D'Herbouville.
1810. De Bondy.
1814. De Chabrol-Crousol.
 C.-J. Fourier.
 C.-J. Pons de l'Hérault.
1815. De Chabrol.
1817. De Lezai-Marnesia.
1822. De Tournon.
1823. De Brosses.
1830. Bouvier-Dumolard.
1831. Gasparin.
1835. Rivet.

SAONE (HAUTE-). 343,298 habitans.

1800. Vergnes.
1804. Hilaire.
1814. De Flavigny.
 C.-J. Esnon de St-Cerant.
1815. De Villeneuve.
1825. De Brancas.
1829. Lebrun des Charmettes.
1830. Thierry.
1838. Barthélemy.

SAONE-ET-LOIRE . 538,507 habitans.

1800. Buffault.

C.-J. De Bondy.
1815. Chabrol de Volvic.
1830. Odilon-Barrot.
1831. De Bondy.
1833. De Rambuteau.

SEINE-INFÉRIEURE, 720,525 habitans.

1800. Beugnot.
1806. Savoie-Rollin.
1812. De Girardin.
 C.-J. De L'Apparent.
1815. De Kergariou.
1818. Malouet.
1820. De Vansay.
1828. De Murat.
1830. Dupont-Delporte.

SEINE-ET-MARNE, 325,881 habitans.

1800. Larochefoucault.
1800. Collin de Sussy.
1801. Lagarde.
1810. De Plancy.
1815. Germain.
1820. Goyon.
1830. Boby de Lachapelle.
1832. Saint-Didier.
1838. De Germiny.

SEINE-ET-OISE, 449,582 habitans.

1800. Garnier.
1804. Montalivet.
1806. Laumont.
1810. De Gavre.
1814. Delaître.

C.-J. Girardin.
1816. Destouches.
1826. De Tocqueville.
1828. Capelle.
1830. Aubernon.

SÈVRES (DEUX-), 304,105 habitans.

1800. Dupin.
1811. Busches.
1815. De Curzai.
1817. Poiféré de Céré.
1822. De Roussy.
1828. De Beaumont.
1830. De Solère.
1831. Heim.
1833. Thiessé.
1838. Vernoy de Saint-Georges.

SOMME , 552,706 habitans.

1800. Quinette.
1810. Poitevin de Meysseny.
1813. De Latour-Dupin.
1814. De Lameth.
 C.-J. Cavaignac.
1815. Seguier.
1816. De Lavieuville.
1816. De Lezai-Marnesia.
1817. D'Allonville.
1823. De Tocqueville.
1826. De Villeneuve.
1830. Didier.
1831. Fumeron-d'Ardeuil.
1832. Dunoyer.
1837. De Saint-Aignan.

1839. Onfroy de Breville.

TARN, 346,614 habitans.

1800. Lamarque.
1801. Latourette.
1804. Guary.
1809. Baude.
1814. De Wismes.
 C.-J. De Sainte-Suzanne.
1815. Decazes.
1819. Angellier.
1820. Decazes.
1830. Saladin.
1831. Combes-Syèyes.
1832. De Villeneuve.
1835. Crèvecœur.
1838. Narjot.

TARN-ET-GARONNE. 242,184 habitans.

1808. Lepelletier-d'Aulnay.
1813. Bouvier-Dumolard.
1814. De Villeneuve.
 C.-J. Saulnier.
 C.-J. De Rambuteau.
1815. De Villeneuve.
1817. De Balzac.
1822. De Limayrac.
1827. De Vandœuvre.
1828. De Beaumont.
1828. De Puyssegur.
1830. Chapper.
1830. De Lacoste.
1831. Dugied.
1833. Boullé.
1834. Pompeï.

1835. Bruley-Desvarannes.

VAR, 323.404 habitans.

1800. Fauchet.
1806. Azemar.
1811. Leroy.
1814. De Bouthilliers.
 C.-J. De Fermon.
1815. Siméon.
1818. Chevalier.
1823. Dalmas.
1828. Fumeron-d'Ardeuil.
1830. Angelier.
1830. Rouxel.
1831. Bernard.
1831. Goubault.
1832. Prieur-Lacombe.
1832. Floret.
1835. Le Marchand de la Faverie.

VAUCLUSE, 246,071 habitans.

1800. Pelet de la Lozère.
1802. Bourdon de Vatry.
1805. Delaitre.
1810. Hultmann.
1811. De Stassard.
1813. De Freville.
1813. Rouen des Mallets.
'C.-J. Heim.
1815. De St-Chamans.
1817. De Cotton.
1823. De Calvières.
1824. De Suleau.
1827. De Limayrac.
1828. Tassin de Nonneville.

1830. Larreguy.
1830. Derville-Maleschard.
1831. Bureaux de Pusy.
1833. Mercier.
1834. Bellon.
1836. Onfroy de Breville.
1837. Mahul.

VENDÉE, 341,312 habitans.

1800. Jars-Panvillers.
1800. Merlet.
1809. Barante.
1813. Basset de Châteaubourg.
1814. Fremin de Beaumont.
C.-J. Boullé.
C.-J. Ferri-Pizany.
1815. De Malleville.
1815. De Roussy.
1816. De Waters.
1817. De Kerespert.
1819. De Rognat.
1820. Courpon.
1822. De Curzay.
1827. De Suleau.
1828. De Foresta.
1830. D'Auderic.
1830. De Sainte-Hermine.
1832. Jussieu.
1833. Paulze-d'Ivoy.

VIENNE, 288,002 habitans.

1800. Cochon de l'Apparent.
1805. Chéron.
1807. Mallarmé.

C.-J. Prouveur.
1815. De Lascours.
1815. Duhamel.
1819. Moreau de la Rochette.
1820. Locard.
1823. De Casteja.
1828. De Vandœuvre.
1830. De St-Félix-Mauremont.
1830. Boullé.
1833. Jussieu.
1837. Mancel.

VIENNE (HAUTE-), 293,011 habitans.

1800. Pougeard-Dulimbert.
1802. Texier-Olivier.
1814. De Brosses.
C.-J. Texier-Olivier.
1815. De Flavigny.
1816. De Barrins.
1819. De Casteja.
1823. De Wismes.
1824. De Coster.
1830. De Théis.
1833. Mourgues.
1835. Germeau.
1838. Renauldon.

VOSGES, 411,034 habitans.

1800. Desgouthes.
1801. Lefaucheux.
1803. Himbert de Ferguy.
1814. De Montlivault.
C.-J. Cahouet.
1815. Boula du Colombier.

1823. D'Estourmel.
1824. De Meulau.
1828. Nau de Champlouis.
1829. Vernhettes.
1830. De Malartic.
1830. Nau de Champlouis.
1830. Siméon (Henri).
1835. Monicault.
1838. Onfroy de Breville.
1839. Brun.

YONNE, 355,237 habitans.

1800. Rougier de Labergerie.
1813. De Formon.
1814. Gamot.
1815. De Goyon.
1817. De Gasville.
1830. Pompeï.
1833. Boudy fils.

FIN DU TOME II ET DERNIER.

Page 19, 19e ligne , appelé à celle , *lisez* celles.
Page 49, 16e ligne , il jouit , *lisez* il y jouit.
Page 89, 25e ligne , préfecture , *lisez* sous-préfecture.
Page 94, 12e ligne , Chandernagol , *lisez* Chaudernagol.
Page 103, 25e ligne , his-riques , *lisez* historiques.
Page 121, 26e ligne , 24 janvier, *lisez* 21.
Page 123, 23e ligne , 1834 , *lisez* 1814.
Page 152, 3e ligne , cette , *lisez* cet.
Page 171, 12e ligne , Fresson , *lisez* Freslon.
Page 186, 32e ligne , fut , *lisez* et fut.
Page 200, 33e ligne , mais , *lisez* au contraire.
Page 201. 1re ligne , moins , *lisez* plus.
Page 211, 29e ligne , somme fondés , *lisez* sommes fondé.

Page 4, 23e ligne , de Montauban , *lisez* d'Amiens.
Page 11, 30e ligne , prtrie , *lisez* patric.
Page 27, 4e ligne , 1820 , *lisez* 1830.
Page 41, 9e ligne , parlementaire , *lisez* parlementaires.
Page 44, 11e ligne , 1137, *lisez* 1837.
Page 54, 25e ligne , 1737, *lisez* 1837.
Page 55, 16e ligne , 1837, *lisez* 1833.
Page 75, 6e ligne , 1839, *lisez* 1829.
Page 91, 17e ligne , il s'est retiré , *lisez* il vit retiré.
Page 91, 20e ligne , PETIT-PATEL , *lisez* PETIT-PANTEL.
Page 98, 22e ligne , comme préfet dans les fonctions publiques
du Jura , *lisez* dans les fonctions publiques , comme préfet.
Page 104, 6e ligne , de l'Audre , *lisez* de l'Indre.
Page 105, 4e ligne , et est retiré , *lisez* et retiré.
Page 113, 19e ligne , vévocation , *lisez* révocation.
Page 114, 30e ligne , compte de , *lisez* compte aux gouvernans.
Page 140, 16e ligne , Lozardière , *lisez* Lezardière.
Page 140, 29e ligne , Sarce , *lisez* Sarre.
Page 165, 28e ligne , informés , *lisez* informé.
Page 195, 14e ligne , Plinelli , *lisez* Planelli.
Page 197, 23e ligne , Preslon , *lisez* Freslon.